Frauen in Kunst und Kultur

Heiner Barz • Meral Cerci

Frauen in Kunst und Kultur

Zwischen neuem Selbstbewusstsein und Quotenforderungen

 Springer VS

Heiner Barz
Heinrich-Heine-Universität
Düsseldorf, Deutschland

Meral Cerci
Heinrich-Heine-Universität
Düsseldorf, Deutschland

Das dieser Publikation zugrunde liegende Forschungsprojekt wurde im Auftrag des Frauenkulturbüro NRW e.V. realisiert.

ISBN 978-3-658-07263-6   ISBN 978-3-658-07264-3 (eBook)
DOI 10.1007/978-3-658-07264-3

Die Deutsche Nationalbibliothek verzeichnet diese Publikation in der Deutschen Nationalbibliografie; detaillierte bibliografische Daten sind im Internet über http://dnb.d-nb.de abrufbar.

Springer VS
© Springer Fachmedien Wiesbaden 2015

Lektorat: Stefanie Laux, Stefanie Loyal

Gedruckt auf säurefreiem und chlorfrei gebleichtem Papier

Springer Fachmedien Wiesbaden ist Teil der Fachverlagsgruppe Springer Science+Business Media (www.springer.com)

Inhalt

Verzeichnis der Abbildungen und Tabellen

Abbildungen

Tabellen

Vorwort

von Ute Schäfer, Ministerin für Familie, Kinder, Jugend, Kultur und Sport in Nordrhein-Westfalen

1948 wurde die Gleichberechtigung von Frauen und Männern im Grundgesetz verankert. In den 60er und 70er Jahren bekam sie durch die Frauenbewegung einen starken Impuls. Seither ist es, von den Debatten um die Frauen-Quote abgesehen, ruhiger um die Gleichstellung geworden. Gerade junge Frauen fühlen sich häufig kaum benachteiligt. Und es stimmt ja: Die Zahl der Abiturientinnen übersteigt inzwischen die der Abiturienten und auch an der Hochschule gibt es in vielen Bereichen einen leichten Frauenüberschuss, auch in solchen, die früher fest in Männerhand waren. Leben wir also heute in einer geschlechtergerechten Gesellschaft?

Die Studie „Frauen im Arbeitsmarkt Kultur", die das Frauenkulturbüro NRW bei Meral Cerci und Prof. Heiner Barz von der Heinrich-Heine-Universität Düsseldorf in Auftrag gegeben hat, gibt uns wichtige Antworten auf diese Frage. Die gute Nachricht: Die Präsenz von Frauen in den verschiedenen Sparten des kulturellen und künstlerischen Feldes in Nordrhein-Westfalen ist erfreulich hoch. Dies ist sicherlich auch ein Ergebnis der spezifischen Kulturförderung in Nordrhein-Westfalen, die die Belange von Frauen seit 20 Jahren besonders berücksichtigt. Dazu gehören der Blick auf die paritätische Besetzung von Jurys, Stipendien für Künstlerinnen mit Kindern und der Künstlerinnen-Preis des Landes, mit dem wir herausragende Leistungen auszeichnen und sichtbar machen. Dass die Landesregierung eine stärkere Beteiligung von Frauen in der Kultur – und zwar gerade auch in Führungspositionen – fördert, wird auch bei den Einrichtungen deutlich, die Nordrhein-Westfalen selbst oder mit Partnern trägt: Bei der Kunstsammlung NRW, der Stiftung Museum Schloss Moyland oder den Landestheatern Nordrhein-Westfalen sind aktuell viele der Leitungspositionen von Frauen besetzt. Doch diese Beispiele stehen leider nicht für das Ganze: Der Anteil von Intendantinnen an kommunalen Theatern in NRW liegt lediglich bei 7 Prozent, bei den Philharmonien sinkt er sogar auf null.

Ich danke Meral Cerci und Prof. Heiner Barz für die spannende und umfassende Untersuchung. Sie gibt uns wertvolle Hinweise, in welchen Feldern wir künftig noch stärker ansetzen müssen, um die Beteiligung von Frauen in der Kultur zu verbessern. Erforderlich sind mehr Netzwerk-Arbeit, mehr Nachwuchsförderung und eine breitere Verankerung des Themas Geschlechtergerechtigkeit in den Personalentwicklungsmaßnahmen der Institutionen. Eine bleibende Herausforderung ist – wie in anderen Berufszweigen auch – das Thema Vereinbarkeit von Familie und Beruf.

Unser gemeinsames Ziel muss es sein, diese Erkenntnisse zu nutzen und Frauen konkret dabei zu unterstützen, ihre Karrieren als Künstlerin, als Intendantin oder als Generalmusikdirektorin entwickeln zu können.

Ute Schäfer

Ministerin für Familie, Kinder, Jugend, Kultur und Sport
des Landes Nordrhein-Westfalen

Zusammenfassung und Empfehlungen 1

Wie ist es um die Gleichstellung von Mann und Frau in öffentlich geförderten Kulturinstitutionen in Nordrhein-Westfalen bestellt? Partizipieren Musikerinnen und Musiker, Schriftstellerinnen und Schriftsteller, Künstlerinnen und Künstler der verschiedensten Sparten gleichermaßen an der Kulturförderung des Landes? Welche Einstellungen und Barrieren sind gegebenenfalls für nicht erreichte Gleichstellungsziele verantwortlich? Auf diese Fragen sucht die nun vorliegende Studie Antworten. Die Studie wurde im Auftrag des Frauenkulturbüros NRW erstellt von Meral Cerci, M.A., und Prof. Dr. Heiner Barz von der Universität Düsseldorf. In die Datenanalysen (Internet-Recherchen, Sekundäranalysen, Sonderauswertungen) wurde auch eine aktuelle Online-Befragung (n = 50) der vom Land NRW geförderten Kultureinrichtungen einbezogen. Um auch die subjektiven Dimensionen der Gleichstellungsproblematik auszuleuchten, wurde die Datensammlung ergänzt durch narrative Einzelinterviews (n = 20).

Die Studie, deren Ergebnisse am 5. September 2013 in Berlin im Rahmen der vom Frauenkulturbüro NRW organisierten Tagung „Frauen im Arbeitsmarkt Kultur" vorgestellt wurden, lässt sich so zusammen fassen, dass sie

1. eine durchaus ermutigende Zwischenbilanz in puncto weiblicher Präsenz in den verschiedenen Sparten des kulturellen und künstlerischen Feldes zieht
2. nach wie vor bestehende Benachteiligungserfahrungen belegt
3. die Notwendigkeit einer spezifischen Förderung von weiblichen Netzwerkstrukturen auch jenseits der Nachwuchsförderung darstellt
4. Ansatzpunkte für eine Weiterentwicklung von Gender-Themen im Kontext von Professionalisierungsanstrengungen und Diversity-Management aufzeigt

Die Datendokumentation zeigt positive Entwicklungen namentlich bei den vom Land geförderten Preisen und Stipendien für den künstlerischen Nachwuchs. Dort sind Frauen heute gut vertreten. Bei den vom Land geförderten Auslandsstipendien liegt der Frauenanteil bei 58%. Auch liegt der Anteil der Frauen bei den Förderpreisen für junge Künstlerinnen und Künstler bei 49% – während er für den Vergleichszeitraum 1999–2001 mit 43% noch etwas darunter lag. Beim Arbeitsstipendium für Bildende Kunst und Medienkunst wurden z.b. im Zeitraum 2009–2011 insgesamt 215 Künstlerinnen und Künstler gefördert, darunter 62% Frauen. Auch in der Juryzusammensetzung lässt sich heute ein in weiten Teilen ausgeglichenes Geschlechterverhältnis feststellen. Gezielte Förderprogramme wie etwa die vom Frauenkulturbüro NRW organisierten Stipendien für Bildende Künstlerinnen mit Kindern werden als richtige und wichtige Maßnahmen positiv wahrgenommen.

Weniger positiv fällt die Bilanz in anderen Feldern aus: So sind Künstlerinnen im Zeitraum 2009 – 2011 unter den vom Land NRW angekauften 46 Werken nur mit 37% vertreten. Bei den Ankäufen für Museen lag der Frauenanteil mit 28% noch darunter. In den vom Land geförderten Museen lag der Frauenanteil bei den für Kunstschaffende prestigeträchtigen Einzelausstellungen lediglich bei 22%. Bei Gruppenausstellungen ist der Anteil mit 32% immerhin höher. Obwohl die Werte auf einem niedrigen Niveau liegen, ist ein Anstieg im Vergleich zum Jahr 2000 zu verzeichnen. Damals lag der Frauenanteil bei Einzelausstellungen bei 0%, bei Gruppenausstellungen bei 20%.

An den Kunst- und Musikhochschulen des Landes sind zwar Frauen unter den Studierenden (53%) und Absolventen (57%) heute eindeutig in der Überzahl – am Lehrpersonal (Frauenanteil unter 40%) und vor allem in der Leitungsebene (Frauenanteil 12%) machen Männer aber noch immer vieles mehr oder weniger unter sich aus.

Den aus einer Frauengleichstellungsperspektive stärksten Handlungsbedarf offenbaren die Zahlen zur künstlerischen Leitung der vom Land geförderten Kultureinrichtungen: Immerhin 42% der Museumsleitungen sind weiblich, aber der Anteil der Intendantinnen an kommunalen Theatern liegt bei 7% und bei den Philharmonien ist der Anteil der Intendantinnen bzw. Generalmusikdirektorinnen sogar gleich Null. Damit wird in Teilbereichen sogar eine Verschlechterung des Frauenanteils dokumentiert, insofern z.B. im Jahr 2000 der Frauenanteil in Leitungsposition bei den Philharmonien bei 12% lag. Auch bei den kommunalen Theatern ist der Anteil der Intendantinnen von 15% auf 7% abgesunken.

Im Rahmen der Online-Erhebung wurden die vom Land geförderten Kultureinrichtungen auch nach Personalentwicklungsmaßnahmen gefragt. Nur 18% der befragten Kultureinrichtungen bieten Programme zur Personalentwicklung an. Eine Maßnahme zur Gleichstellung von Mann und Frau bietet nur eine Einrichtung an. Gefragt nach den relevanten Zukunftsthemen wird die „Sicherung der Finanzen und der künstlerischen Qualität" als Top-Thema genannt. 81% sind der Meinung, dass die Zielgruppe „Kinder und Jugendliche" mehr Beachtung finden müsste.

Die Chancengleichheit von Frauen und Männern zu fördern sehen nur 46% als wichtig bzw. sehr wichtig an.

Eine auf NRW bezogene Sonderauswertung der Mitglieder-Daten der Künstlersozialkasse (KSK) zeigt, dass Frauen zwar unter den Berufsanfängern deutlich in der Mehrheit sind – in der Gesamtheit der Versicherten jedoch geraten sie in die Minderheit. Daraus kann man schließen, dass es Frauen deutlich seltener gelingt, auf Dauer einer künstlerischen Tätigkeit, die auch wirtschaftlich erfolgreich ist, nachzugehen. Die Ungleichheit im wirtschaftlichen Erfolg von Künstlerinnen im Vergleich zu Künstlern zeigt sich auch in den KSK-Zahlen zum Durchschnittseinkommen, wo Männer wiederum deutlich vorne liegen und z.T. die weiblichen Durchschnittseinkommen um fast 50% übertreffen.

Aus den qualitativen Interviews lässt sich rekonstruieren, wie das Gleichstellungsthema heute von Künstlerinnen und Kulturverantwortlichen erlebt wird:

- Trotz gradueller Verbesserungen werden Männern noch immer eine ungerechtfertigte, deutlich größere Präsenz und deutlich größere Einflussmöglichkeiten in vielen künstlerischen Sparten zugeschrieben – bedingt vor allem durch ihr internalisiertes Dominanzstreben.
- Männer hätten, so berichteten viele Gesprächspartnerinnen, gegenüber Frauen die deutlich höheren Ambitionen zur aktiven Selbstvermarktung. Frauen tendieren eher zu Understatement und Bescheidenheit – während Männer oft unabhängig von triftigen inhaltlichen Gründen, selbstbewusst Erfolge in den Vordergrund zu rücken versuchen. „Imponiergehabe" und „viel Lärm um nichts" sind die negativen Stichworte zu diesem eher männlichen Verhaltensmuster. Betriebswirtschaftliche Professionalität und selbstbewusste Akquisitionsstrategien wären positive Stichworte, die vor allem aus Sicht von Frauen eine heute immer wichtigere Herausforderung markieren.
- Als bleibende Herausforderung wird fast durchgängig die Vereinbarkeitsproblematik von Familie, Haushalt, Kindererziehung einerseits und professionellem künstlerischem Engagement andererseits bewertet. Denn trotz aller Neuorientierungen im Geschlechtsrollenverständnis – so die Alltagsbeobachtungen vieler unserer Gesprächspartnerinnen – bleibt der „häusliche Bereich" immer noch vorwiegend den Frauen überlassen. Und damit ergeben sich insbesondere für Frauen immer wieder Einschränkungen hinsichtlich Mobilität, Präsenz, zeitlicher Verfügbarkeit – Einschränkungen freilich, die durch familienunterstützende Strukturen und Regelungen zumindest teilweise abgebaut werden könnten bzw. sollten.
- Konservativere oder sogar ideologisch frauenunfreundliche Einstellungen werden nur noch vereinzelt wahrgenommen und wenn, dann tendenziell eher der

älteren Männer-Generation zugeschrieben. Vorherrschend sind eher Berichte über Männer, die ein partnerschaftliches Geschlechterkonzept vertreten – und zumindest in der Mehrheit auch danach zu handeln versuchen.

- Frauen erleben, gerade wenn sie eher älteren Generationen angehören, oft funktionierende Frauensolidarität. Oft initiiert von den Frauengruppen der zweiten Frauenbewegung, und basierend auf der Frauen zugeschriebenen höheren sozialen Kompetenz. Auch werden Anzeichen neuer Frauenaktionsbündnisse aufmerksam registriert (z.B. FAK, das Feministische Arbeitskollektiv, Karlsruhe).
- Zumindest für einen Teil der künstlerisch ambitionierten Frauen zeigt sich eine innere Zerrissenheit: Einerseits leiden sie unter der als „typisch weiblich" erlebten Zurückhaltung und fehlenden offensiven Selbstvermarktung – andererseits streben sie Machtpositionen, Führungsrollen mit dem damit verbundenen Persönlichkeitsprofil nicht ernsthaft an („mir fehlt so ein beruflicher Ehrgeiz").
- Künstlerisch ambitionierte Frauen kritisieren einzelne ihrer Geschlechtsgenossinnen allerdings z.T. auch in einigen Punkten, u.a.
  1. Frauen erweisen sich dort, wo sie einflussreiche Positionen erlangt haben, nicht immer als Unterstützung für andere Frauen: Es gibt auch die Einstellung „ich musste mich auch erst mal durchbeißen" – oder die Beobachtung, dass Frauen z.B. als Redakteurinnen oft lieber mit männlichen Freelancern zusammen arbeiten.
  2. Das noch immer existierende Rollenmodell, eines auf Unselbständigkeit und Äußerlichkeiten (Kleidung, Kosmetik, Krankheit) setzenden Frauenbildes traditioneller Prägung, das nicht zuletzt von diversen Frauenzeitschriften perpetuiert wird.
  3. Den fehlgeleiteten Neuorientierungsversuch, der auf Leugnung der spezifischen Besonderheiten beider Geschlechter gründet („wenn Frauen plötzlich Männer spielen").
  4. Die fehlenden Ambitionen professionelle Standards gerade in puncto Selbstvermarktung und Akquise zu erreichen.

Die Genderdebatte wird deutlich ambivalent wahrgenommen. Einerseits wird ihr Relevanz zugesprochen – nach wie vor. Andererseits wird die Defizitorientierung („Jammern") als kontraproduktiv erlebt. Und so formulieren einige Gesprächspartnerinnen ein regelrechtes Dilemma, insofern sie sich weder als enthusiastische Anhängerinnen von Gender-Mainstreaming – aber eben auch nicht als Gegnerinnen positionieren wollen. Die Forderung nach Quotenvorgaben wird indessen weithin geteilt („weil sich sonst nichts ändert") – etwa für Ankäufe in Museen, für Musikfestivals, Preisverleihungen oder die Besetzung von Professorenstellen an Kunst- und Musikhochschulen.

Die im Rahmen der qualitativen Erhebung überprüfte Hypothese möglicher Milieugrenzen als Erklärung für Gleichstellungsbarrieren konnte nicht bestätigt werden. Die Interviews mit Vertreterinnen und Vertretern der verschiedenen Sparte und Altersgruppen legen vielmehr nahe, dass es sich bei den Kulturschaffenden einerseits und dem Kulturmanagement andererseits um eine zumindest im Hinblick auf ihre Milieuzugehörigkeit eher homogene Gruppe handelt. Auch scheinen die Übergänge zwischen Kulturverwaltenden bzw. Organisierenden und Lehrenden auf der einen und den Kunstproduzierenden auf der anderen Seite fließend: Aus Künstlerinnen und Künstlern werden Hochschullehrende, aus Musikern, Schauspielern oder Regisseuren werden Intendanten. Insofern spielen offenbar bei der Frage nach Offenheit für Genderfragen zumindest im öffentlich geförderten Kultur- und Kunstbereich milieuspezifische Grenzziehungen kaum eine Rolle.[1] Vielmehr bestätigen unsere Interviewauswertungen recht eindeutig die Bedeutung des Geschlechts: Während die interviewten Frauen fast ausnahmslos Quotenregelungen für notwendig hielten, gibt es bei Männern starke Reserven („Quatsch, gerade im Kulturbereich"). Neben der Geschlechtszugehörigkeit spielt offenbar auch die Generationszugehörigkeit eine wesentliche Rolle – jedenfalls fanden wir bei den jüngeren weiblichen Interviewpartnern starke Vorbehalte gegenüber allen Versuchen, künstlerische Produktion, Karrieren in der Kunst oder Förderpolitik als „Frauenthemen" zu betrachten.

Die aus der Milieu- und Lebensweltforschung des Sinus-Instituts stammende Typologie der dominanten Geschlechtsidentitäten mit ihren vier Ausprägungen würde gleichwohl eine interessante Folie für die Beschreibung und Analyse von Sichtweisen auf das Thema Gleichstellungspolitik auch im Kultursektor darstellen. Während die von uns interviewten Männer wohl eher dem Typus „postmodern-flexibler Mann" (31% in der repräsentativen Sinus-Stichprobe[2]) oder „moderner neuer Mann" (32%) zuzuordnen wären, deuten die Berichte unserer InterviewpartnerInnen über „die anderen" darauf hin, dass es auch den „Lifestyle-Macho" (14%) oder den „starken Haupternährer der Familie" (23%) durchaus nicht nur als Auslaufmodell

---

1 Anders könnte es sich eventuell darstellen, wenn man den mit öffentlichen Mitteln subventionierten Kulturbetrieb verlässt und die Mechanismen und Einstellungsmuster im privatwirtschaftlich verfassten Kunst-, Musik- und Kulturmarkt untersuchen würde. Dies war nicht Gegenstand der vorliegenden Studie.

2 Vgl. Wippermann/Calmbach/Wippermann (2009, S. 22).

in der realen Kreativwirtschaft gibt.[3] Ein milieubezogener „Wendekreis der Gleich-stellung" indessen lässt sich auf Basis unserer Befunde nicht kartographieren.[4]

Insgesamt zeigen die in der Studie aufbereiteten Befunde: Zwar hat sich vor allem auch im gesellschaftlichen Bewusstsein im Blick auf das weibliche und männliche Rollenverständnis vieles verändert und die Beteiligung von Frauen in allen künstlerischen Sparten ist deutlich selbstverständlicher geworden. Gerade im Bereich Nachwuchs (Studierenden-Zahlen, Förderpreise) erreichen Frauen heute oft sogar höhere Anteile. Es lassen sich indessen immer noch Bereiche und Facetten des Kulturlebens, gerade auch auf der Leitungsebene benennen, wo von einer Gleichstellung auch heute noch nicht wirklich gesprochen werden kann.

Auf Basis der Studienergebnisse lassen sich folgende Empfehlungen formulieren:

1 Mehr Frauen in gut bezahlte Spitzenpositionen in Kultureinrichtungen und Hochschulen!

- Netzwerke von Frauen in Führungspositionen bzw. für Führungsnachwuchs fördern, spartenübergreifend mit regelmäßigen Treffen und Zusatzangeboten wie Veranstaltungen zu aktuellen Trends in den jeweiligen Sparten sowie zu Fördermöglichkeiten.
- Mentoring für aktuelle und zukünftige Führungsfrauen in Kunst und Kultur aufbauen. Neben der Tandembeziehung (Mentor/in-Mentee) können Trainings und Workshops das Mentoringprogramm erweitern, z.B. zu Kommunikation, Akquisition und Selbstvermarktung.
- Die Vergabekriterien für Besetzungsverfahren prüfen, z.B. im Hinblick auf die adäquate Berücksichtigung von Familienzeiten (Elternzeit-Bonus: „plus fünf Jahre").
- Die Rahmenbedingungen hinsichtlich der Vereinbarkeit von Familie und Beruf – auch für Spitzenkräfte im Kulturmanagement – prüfen (z.B. Teilzeitmöglich-

---

3   Diese vielfach aufgegriffene Typologie und ihre milieubezogenen Ausprägungen finden sich etwa auch im Informationsdienst „Forum online" der Bundeszentrale für gesund-heitliche Aufklärung. Vgl.: http://forum.sexualaufklaerung.de/index.php?docid=1242

4   Das Sinus-Institut hat 2007 in einer Studie für das Bundesministerium für Familie, Senioren, Frauen und Jugend insbesondere mit Blick auf die Migranten-Milieus einen „Wendekreis der Gleichstellung" als Demarkationslinie zwischen emanzipatorischem Postfeminismus und patriarchalischem Neomachismo identifiziert, der sich auch mi-lieubezogen verorten lässt. Vgl.: http://www.bmfsfj.de/RedaktionBMFSFJ/Abteilung4/Pdf-Anlagen/sinus-wendekreis-der-gleichstellung

keiten, Home Office etc.) und auch entsprechend der einschlägigen Regelungen Landesgleichstellungsgesetz NRW[5] ausgestalten.

- Systematischer Aufbau von Führungsnachwuchs mit besonderem Fokus auf Frauen.
- Regelmäßiges Monitoring zum Anteil von Frauen in Spitzenpositionen in Kultureinrichtungen und Hochschulen.

2 Akzeptanz von Genderthemen erhöhen!

- Die Vorteile und den Mehrwert von Genderprogrammen deutlich kommunizieren (vor allem an die Leitungen von Kultureinrichtungen und Hochschulen).
- Genderthemen einbetten in existierende oder geplante Kommunikations- und Professionalisierungs-maßnahmen (z.B. Kulturmarketing, Trainings zur Selbstvermarktung), d.h. wo immer möglich keine „Insellösungen" für Genderprogramme schaffen.
- Einbettung von Frauenfördermaßnahmen in breiter angelegte Diversity-Konzepte bzw. -Strategien, die heute bereits auf eine hohe Akzeptanz treffen.

3 Image des Frauenkulturbüros weiterentwickeln!

- Angebote zur Künstlerinnenförderung beibehalten und weiter ausbauen.
- Kommunikationskampagne entwickeln, in der auf die Vorteile bzw. den Mehrwert der Services eingegangen wird. Insbesondere junge Frauen in der Kommunikation ansprechen.
- Die besonderen Potenziale von Frauen hervorheben (nicht aus der „Defizitperspektive" argumentieren).

4 Gleichstellung noch tiefer in der Kulturförderung des Landes verankern!

- Einbettung des Themenfelds „Kultur und Frauen" in ein „Diversity-Dachkonzept"; Synergien zur Interkultur-Arbeit prüfen.

---

5   Etwa in § 13 („Arbeitszeit und Teilzeit") heißt es dort: „(3) Anträgen von Beschäftigten auf Ermäßigung der regelmäßigen Arbeitszeit bis auf die Hälfte zur tatsächlichen Betreuung oder Pflege mindestens eines Kindes unter 18 Jahren oder eines pflegebedürftigen sonstigen Angehörigen ist zu entsprechen, soweit zwingende dienstliche Belange nicht entgegenstehen. Die Teilzeitbeschäftigung ist bis zur Dauer von fünf Jahren mit der Möglichkeit der Verlängerung zu befristen." Vgl. (Abruf am 22.08.2014) https://recht. nrw.de/lmi/owa/br_bes_text?anw_nr=2&gld_nr=2&ugl_nr=2031&bes_id=4847& aufgehoben=N&menu=1#det195841

- Gleichstellung als Querschnittsthema etablieren und in die Förderrichtlinien der Projekt- sowie der institutionellen Förderung aufnehmen.
- Geförderte Institutionen für Genderthemen sensibilisieren, z.b. durch thematisch attraktive Veranstaltungen wie „Zukunft von Kultureinrichtungen in einer vielfältigen Gesellschaft" (keine Veranstaltung speziell zum Thema Frauenförderung!).
- Kultureinrichtungen insbesondere auf die Notwendigkeit von Programmen zur Verbesserung der Vereinbarkeit von Familie und Beruf hinweisen.
- Weiterhin auf die geschlechtergerechte Besetzung von Jurys und Sensibilisierung der Gremien achten.

4   Mehr „Postnachwuchs-Förderung"!

- Preise und Stipendien auch für Künstlerinnen jenseits des klassischen Nachwuchsalters anbieten.
- Erhöhung (teilweise vielleicht auch Abschaffung) der Altersgrenzen bei Preisen, Stipendien oder Ausschreibungen.
- Generelle Berücksichtigung eines „Elternzeit-Bonus" (z.B. plus 5 Jahre), der bei Bewerbungsverfahren als Erziehungszeit angerechnet wird.

5   Genderaspekte in die Lehrpläne der Kunst- und Musikhochschulen integrieren!

- Trainings zur Selbstvermarktung anbieten und Genderaspekte in die Curricula einbetten.
- Studierende und Lehrende auf spezielle Frauenförderung aufmerksam machen.
- Bei Aufnahmeprüfungen die besondere Situation von Personen mit Elternzeiten berücksichtigen.

6   Mehr Transparenz durch regelmäßige Bestandsaufnahmen von Daten, Chancen und Wahrnehmungsmustern!

- Regelmäßiges Monitoring zur Gleichstellung von Frauen und Männern in Kunst und Kultur (z.B. Befragung von Kultureinrichtungen und Erhebung von Daten im 2-Jahres-Rhythmus).
- Ausdifferenzierung der statistischen Dokumentation im Bereich Kreativwirtschaft, z.B. durch geschlechtsspezifische Erfassung des Umsatzsteueraufkommens von Selbständigen.
- Ergänzung der regelmäßigen statistischen Datensammlungen (Kulturwirtschaftsberichte, Kulturförderberichte etc.) durch qualitative Erhebungen zur subjektiven Wahrnehmung durch die unterschiedlichen relevanten Akteure.

Untersuchungsdesign

Hintergrund und Zielsetzung der Studie lassen sich einordnen in eine in NRW schon seit über 20 Jahren spezifisch ausgeprägte Kulturförderung, die auch die Belange von Frauen in besonderer Weise zu berücksichtigen versucht. In wenigen Fragen zusammengefasst:

- Wie ist es um die Gleichstellung von Mann und Frau in öffentlich geförderten Kulturinstitutionen in Nordrhein-Westfalen bestellt?
- Partizipieren Künstlerinnen und Künstler gleichermaßen an der Kulturförderung des Landes?
- Wie hoch ist der Anteil der Frauen an den Studierenden und den Lehrenden der Kunsthochschulen?

Derartige Fragen wurden erstmals 1993 von der Landesregierung Nordrhein-Westfalen im Rahmen einer Großen Anfrage ausführlich beantwortet (Landtag Nordrhein-Westfalen 1993[6]). Die defizitäre Situation der Frauen in allen Kunst- und Kultursparten sowie an den Hochschulen war unabweisbar. So waren zum Zeitpunkt der Erhebung beispielsweise mehr als 50% der Studierenden in Kunstfächern Frauen, ihr Anteil an den Lehrenden der Hochschulen betrug jedoch nur 14%. Die daraus abgeleiteten Konsequenzen führten u.a. zur Einrichtung eines eigenen Titels im Landeshaushalt zur Förderung der Frauen in Kunst und Kultur, aus dem Projekte mit und von Künstlerinnen gefördert wurden.

Im Jahr 2001 veröffentlichte das Ministerium für Städtebau und Wohnen, Kultur und Sport des Landes Nordrhein-Westfalen eine Fortführung des ersten Berichts[7].

---

6   abrufbar unter http://www.landtag.nrw.de/portal/WWW/dokumentenarchiv/Dokument/MMD11-6095.pdf (10.09.2013)

7   abrufbar unter http://www.spd-fraktion.landtag.nrw.de/spdinternet/www/startseite/Dokumentenspeicher/Dokumente/AK03/Vorlage_13_1052_vom_151101.pdf (10.09.2012)

Es konnte gezeigt werden, dass sich der Geschlechterproporz in den Kulturinstitutionen zugunsten von Frauen zwar verbessert hatte, aber dennoch spartenübergreifend konstatiert werden musste, dass Frauen in Nordrhein-Westfalen längst nicht gleichberechtigt an Kunstförderung und Kulturmanagement partizipieren. In Spitzenpositionen z.B. waren sie nur marginal vertreten.

Vor diesem Hintergrund erfolgte Ende 2012 der Auftrag, eine aktuelle Bestandsaufnahme zu erarbeiten, die nicht nur den Status quo dokumentieren, sondern auch Entwicklungen beschreiben und Befindlichkeiten eruieren sollte. Insbesondere sollten auch erstmals die subjektiven Wahrnehmungen und Deutungen zur Partizipation von Frauen in Kultur und Kunst in einem Pilotprojekt erhoben werden. Veränderungen in den Einstellungsmustern, aber auch weiterhin wirksame subjektive und strukturelle Barrieren sollten so beschreibbar und damit eventuell auch der Beeinflussung zugänglich gemacht werden.

Die Herausforderung lag somit in der Kombination verschiedener Forschungszugänge. Einerseits sollte die in Zahlen abbildbare Faktizität erfasst werden – andererseits die subjektiven Deutungsmuster der relevanten Akteure. Die Sozialforschung bietet durch die quantitativen und qualitativen Forschungsinstrumente die Möglichkeit beiden Intentionen gerecht zu werden. Im Idealfall spricht man für derartige Mixed Method-Ansätze von Daten- oder Methoden-Triangulation (vgl. Barz/Kosubek/Tippelt 2012). Im Falle der vorliegenden Studie wurden drei Forschungszugänge kombiniert, nämlich die Datenrecherche auf Basis verfügbarerer Quellen und Studien (Desk Research), eine Online-Erhebung bei allen durch Landesmittel geförderten Kulturinstitutionen in NRW sowie eine Serie von 20 qualitativen Interviews.

© Barz/Cerci 2014

Abb. 2.1   Methodentriangulation im Projekt Frauenpartizipation in Kunst und
Kultur

Innenansichten zur Gleichstellung im Kultur- und Kunstbetrieb

3

Ergebnisse der qualitativen Teilstudie

3.1 Intention, Methode und Stichprobe

Für die Realisierung der Interviews wurden semistrukturierte Einzelfallexplorationen gewählt, für die sich in der Methodenliteratur inzwischen der Begriff „problemzentriertes Interview" durchgesetzt hat. Das problemzentrierte Interview[8] hat sich als qualitatives Instrument gerade auch im Zusammenhang mit Evaluationsaufgaben sowie in Bereichen sehr gut bewährt, wo es noch wenig konsolidierte Befunde zur lebensweltbezogenen Relevanz und subjektiven Deutungsmustern gibt. Die Forschungsfragen werden vorab in einem Themenkatalog – der gerade kein Fragebogen ist – ausdifferenziert und von Interviewerin oder Interviewer in einer möglichst natürlichen Gesprächssituation angesprochen. Den Gesprächspartnerinnen und Gesprächspartnern wird hier bewusst Freiraum gegeben, auch vom Forscher nicht erwartete Erfahrungen zu thematisieren und damit neue Themen in das Interview einzubringen. Anders als beim rein narrativen Interview kommt der Interviewerin oder dem Interviewer in der problemzentrierten Version während des Gesprächs eine aktiv gestaltende Rolle zu. Die im Leitfaden vorgegebene Reihenfolge der Themenkomplexe kann an die Gesprächssituation angepasst und ggf. um für den Gesprächspartner subjektiv wichtige Aspekte erweitert werden. Das Einzelinterview bietet die Möglichkeit, durch wohlwollend verstärkende Gesprächsführung der Interviewerin oder des Interviewers intensiv auf die Kognitionen, Einstellungen sowie Beobachtungen und Erfahrungen der Interviewten zu den relevanten Themen einzugehen. Die Auswertung der Daten erfolgt in mehreren Schritten: Die Interviews werden auf Audiodateien aufgezeichnet, fallweise transkribiert und

---

8   Witzel, A. (2000): Das problemzentrierte Interview. Forum Qualitative Sozialforschung/ Forum: Qualitative Social Research [Online Journal], 1(1). Abrufbar über: http://qualitative-research.net/fqs.

themenspezifisch protokolliert und schließlich inhaltsanalytisch ausgewertet.[9] Die Hauptaussagen innerhalb der einzelnen Dimensionen werden herausgearbeitet und vor dem Hintergrund des Kontextwissens vorsichtig gedeutet. In der vergleichenden Zusammenschau der Aussagen der verschiedenen Gesprächspartner lassen sich relevante und typische Wahrnehmungsmuster und Einstellungsdimensionen herausarbeiten. Ziel eines qualitativen Forschungssettings ist es nicht, Aussagen zu ermitteln, die dem Anspruch statistischer Repräsentativität genügen – das verbietet sich schon aufgrund der unvermeidlichen zahlenmäßigen Begrenzung der Fallzahl. Ziel ist es vielmehr, eine Art „inhaltlicher Repräsentativität" zu erreichen, insofern die zentralen, inhaltlich relevanten Dimensionen und Aspekte erschlossen werden. Die Rekonstruktion der „Innenansicht" von bestimmten Problemkonstellationen kann indessen z.T. wichtigere Aufschlüsse über konkrete Befindlichkeiten und vor allem auch über Ansatzpunkte zur Gestaltung geben, als dies mittels quantifizierender Verfahren meist möglich ist. Gerade in komplexen, vieldimensional determinierten Problemlagen, wie dem hier bearbeiteten Thema der Frauenpartizipation in Kunst und Kultur, lässt sich so ein genaueres Bild der subjektiven und objektiven Einflussfaktoren gewinnen. Über die quantitative Bedeutung der gefundenen Wahrnehmungs- und Einstellungsstrukturen in einer bestimmten Grundgesamtheit (hier etwa: „alle Kunstschaffenden und Kulturverantwortlichen in NRW") lassen sich begründete Hypothesen formulieren, selbstverständlich jedoch keine exakten Daten generieren.

Als Interviewpartner wurden Vertreter der vorab in Absprache mit dem Auftraggeber definierten sieben Sparten, nämlich Architektur, Bildende Kunst, Film Literatur, Medienkunst, Musik, Tanz/Theater/Oper rekrutiert. Dabei sollten jeweils die Bereiche Ausbildung/Hochschule, Institutionen und Kunstschaffende repräsentiert werden.[10] Auch war eine Mischung aus im Kunstbetrieb etablierten Persönlichkeiten und Nachwuchskräften intendiert, um die möglicherweise unterschiedliche Sicht der verschiedenen Generationen aufzugreifen. In der Verteilung der Altersgruppen gelang es, ca. ein Drittel GesprächspartnerInnen von Ende 20 bis Anfang 40, ca. ein Drittel Mitte 40 bis Mitte 50 und schließlich ein letztes Drittel InterviewpartnerInnen zu rekrutieren, die die Altersgruppe Ende 50 bis ca. 70 Jahre repräsentierten. Schließlich haben wir zwar überwiegend weibliche Gesprächspartner einbezogen – um die männliche Sicht auf Genderfragen aber wenigstens exemplarisch abbilden zu können, wurden auch insgesamt vier männliche Gesprächspartner interviewt.

---

9   Vgl. Mayring, Philipp: Einführung in die qualitative Sozialforschung. Weinheim ⁵2002
10   Mit Ausnahme der Architektur, wo auf Institutionenvertreter verzichtet wurde, weil hier aus Landesmitteln geförderte Kulturinstitutionen keine größere Rolle spielen.

Die Gespräche wurden im Juni, Juli und Anfang August 2013 geführt, auf Audio-datenträger aufgezeichnet, transkribiert und ausgewertet.[11]

Unseren Gesprächspartnerinnen und Gesprächspartnern möchten wir an dieser Stelle für ihre Bereitschaft herzlich danken, mit uns über ihre Erfahrungen und Einschätzungen zum Thema sehr offen zu sprechen.

Tabelle 3.1   Realisierte Quotenstichprobe

	Lehrende an Kunsthochschulen	Kultureinrichtungen	Künstler-innen
Architektur	♂-45-A-HS	-	♀-62-A-KÜ
Bildende Kunst	♀-47-BK-HS	♀-51-BK-KE	♀-52-BK-KÜ
Medienkunst	♂-54-MK-HS	♀-40-MK-KE	♀-70-MK-KÜ
Musik	♀-55-M-HS	♂-46-M-KE	♀-47-M-KÜ
Theater/Tanz	♂-57-T-HS	♀-30-T-KE	♀-27-T-KÜ
Literatur	♀-34-L-HS	♀- 58-L-KE	♀-29-L-KÜ
Film	♀-43-F-HS	♀-54-F-KE	♀-34-F-KÜ

Legende zu den systematischen Fallnummern:

- *♀ steht für weibliche Gesprächspartnerin; ♂ für einen männlichen Gesprächspartner.*
- *Die Zahlen geben das jeweilige Alter der Gesprächspartnerinnen und Gesprächspartner an,*
- *A steht für Architektur, BK für Medienkunst, M für Musik, T für Theater/Tanz, L für Literatur, F für Film – also für die Spartenzugehörigkeit.*
- *HS steht für Hochschule, KE für Kultureinrichtung, KÜ für Künstlerin oder Künstler*

---

11 Die meisten Gespräche konnten als Face-to-Face-Interviews geführt werden. Bedingt u.a. durch große Entfernungen oder Terminfindungsprobleme wurden einige Gespräche telefonisch geführt.

3.2   Ergebnisse

3.2.1   Die fehlende „Liebe zur Macht" – Ergebnisse des Assoziationsversuchs zu „Frauen" und „Männer"

Bereits wie in einer Art Brennglas finden sich viele zentrale Ergebnisse der Gesprächsauswertungen schon im sog. Assoziationsversuch. Der Themenkatalog sah direkt am Anfang des Gesprächs vor, dass die Gesprächspartner jeweils ca. eine Minute ihre spontanen Assoziationen zu den beiden Begriffen „Frauen" und „Männer" formulierten. Obwohl die offene, ungefilterte Formulierung von spontanen Assoziationen keine kleine Herausforderung darstellt, und von einigen Gesprächspartnerinnen auch abgelehnt wurde[12], entstand hier bereits ein sehr eindrucksvolles Assoziationsspektrum. Das „Spektrum der Assoziationen" ist auf den folgenden Seiten in je einem Schaubild zu Männern und zu Frauen zusammengestellt.

Die einzelnen Bedeutungsnuancen in ihrer Vielfalt werden im Anhang[13] in der wörtlichen Formulierung durch die Gesprächspartnerinnen und Gesprächspartner wiedergegeben. In der Analyse der Assoziationen zeigen sich einige **dominante Wahrnehmungslinien**.

1. Die Assoziationen zeigen zum Begriff „Frauen" eine etwas größere Bandbreite, während der Begriff „Männer" stärker auf einzelne dominante Aspekte fokussiert ist. Auch stehen für die in den Schaubildern ausschließlich aufgenommenen Assoziationen unserer weiblichen Gesprächspartnerinnen mehr positive Assoziationen für den Begriff „Frau" als für den Begriff „Mann" zur Verfügung.
2. Männern werden noch immer eine deutlich größere Präsenz und deutlich größere Einflussmöglichkeiten zugeschrieben, sowohl gesamtgesellschaftlich als auch in vielen künstlerischen Sparten – bedingt vor allem durch ihr internalisiertes Dominanzstreben einschließlich der dafür funktionalen Verhaltensmuster.
3. Männer haben gegenüber Frauen die deutlich höheren Ambitionen zur aktiven Selbstvermarktung. Frauen tendieren eher zu Understatement und Bescheidenheit – während Männer oft unabhängig von triftigen inhaltlichen Gründen, selbstbewusst ihre Erfolge in den Vordergrund zu rücken versuchen. „Imponiergehabe" und „viel Lärm um nichts" sind die negativen Stichworte zu

---

12 „Das ist mir jetzt unangenehm" oder „Was soll ich dazu sagen – so kontextlos?" Natürlich wurden derartige Signale sofort respektiert.

13 Dort sind auch die Assoziationen der männlichen Gesprächspartner aufgenommen, die in den Übersichten der folgenden Seiten („Spektrum der Assoziationen") weggelassen sind.

diesem eher männlichen Verhaltensmuster. Professionalität und selbstbewusste Akquisitionsstrategien wären positive Stichworte, die aus Sicht von Frauen ein heute immer noch wirksames weibliches Defizit markieren.

> **Catherine Rückwardt, Dirigentin und ehemalige Generalmusikdirektorin Mainz[14]**
>
> „Frauen neigen immer noch zu artiger Bescheidenheit. Sie trauen sich nicht, im Bereich Musik den Mythos ‚Maestro' anzustreben, den Elias Canetti als absolut letzte Bastion der Macht versteht."

4. Männer werden, gerade auch im Privaten, oft sehr geschätzt und die natürlichen Unterschiede zwischen den Geschlechtern werden als unverzichtbar angesehen.
5. Konservativere oder sogar ideologisch frauenunfreundliche Einstellungen werden tendenziell eher der älteren Männer-Generation zugeschrieben.
6. Männer werden ebenso wie Frauen nur ungern typisiert, es finden sich viele einschränkende Hinweise auf die Vielfalt, die interindividuell sehr unterschiedlich ausgeprägten Rollenmuster. Immer wieder werden generelle Aussagen über „die Frauen" oder „die Männer" als unmöglich oder mindestens hoch problematisch bezeichnet. Vieles sei eher Sache des individuellen Typs und es gebe immer auch Ausnahmen usw. „Aber das ist, wie gesagt, das ist sehr schwierig, das von Mann und Frau, also man möchte da manchmal gar nicht so gern so die Trennlinie ziehen und das dann eher an der Person festmachen." (♀-34-F-KÜ) Wenn es dennoch gelang, Schilderungen über die spezifischen Eigenschaften oder Erfahrungen der einzelnen Geschlechter zu erhalten, dann begannen diese typischerweise mit einem „Also … ich sage das jetzt rein subjektiv." (♀-34-F-KÜ)

> **Pina Bausch im Interview mit Alice Schwarzer 1987[15]**
>
> „Fast alles, was ich gelernt habe, habe ich von Männern gelernt."

7. Frauen erleben, gerade wenn sie eher älteren Generationen angehören, oft funktionierende Frauensolidarität, angefangen bei den Frauengruppen der zweiten Frauenbewegung, und basierend auf der Frauen zugeschriebenen höheren sozialen Kompetenz.

---

14 Statement im Rahmen der Tagung „Frauen im Arbeitsmarkt Kultur", veranstaltet vom Frauenkulturbüro NRW e.V. am 5.9.2013 in Berlin.

15 http://www.emma.de/artikel/pina-bausch-das-wuppertaler-tanztheater-264433

8. Frauen kritisieren ihre Geschlechtsgenossinnen allerdings z.T. auch in drei
   Punkten:
   a. Das auf Unselbständigkeit und Äußerlichkeiten (Kleidung, Kosmetik, Krank-
      heit) setzende „Weibchentum" traditioneller Prägung, das von Frauenzeit-
      schriften perpetuiert wird.
   b. Den fehlgeleiteten Neuorientierungsversuch, der auf Leugnung der spezifischen
      Besonderheiten beider Geschlechter gründet („wenn Frauen plötzlich Männer
      spielen"; „Einheitslook").
   c. Die fehlenden Ambitionen professionelle Standards gerade in puncto Selbstver-
      marktung und Akquise zu erreichen („dezidierter Nichtwille zur Professionalität").

Abb. 3.1   Was Frauen zum Begriff „Männer" einfällt – Spektrum der Assoziationen

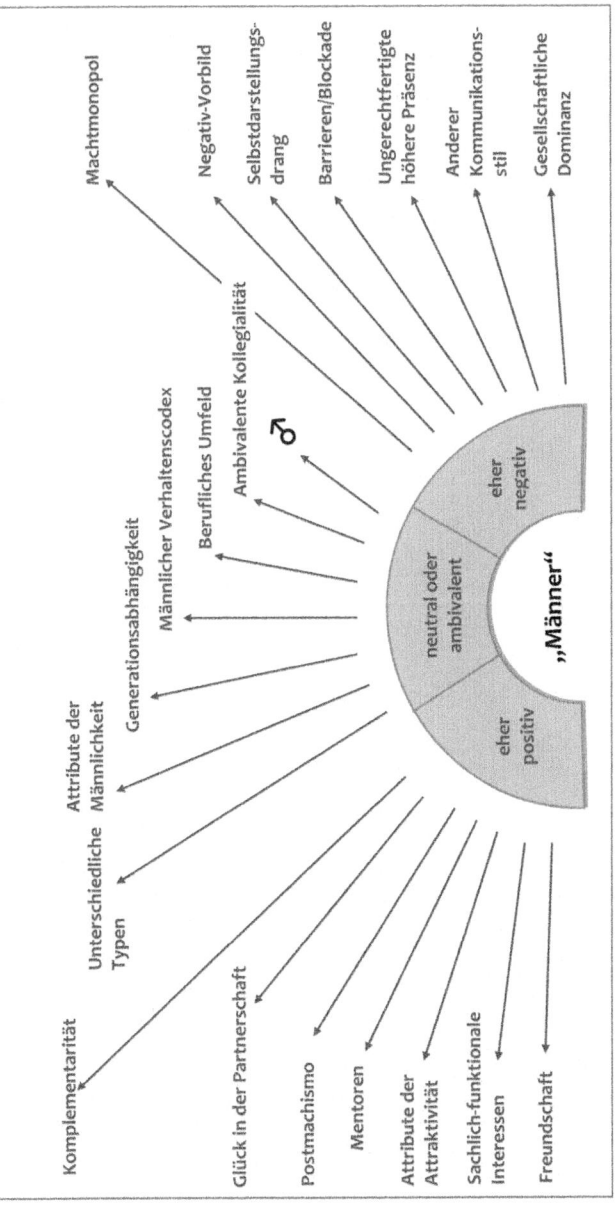

© Barz/Cerci 2014

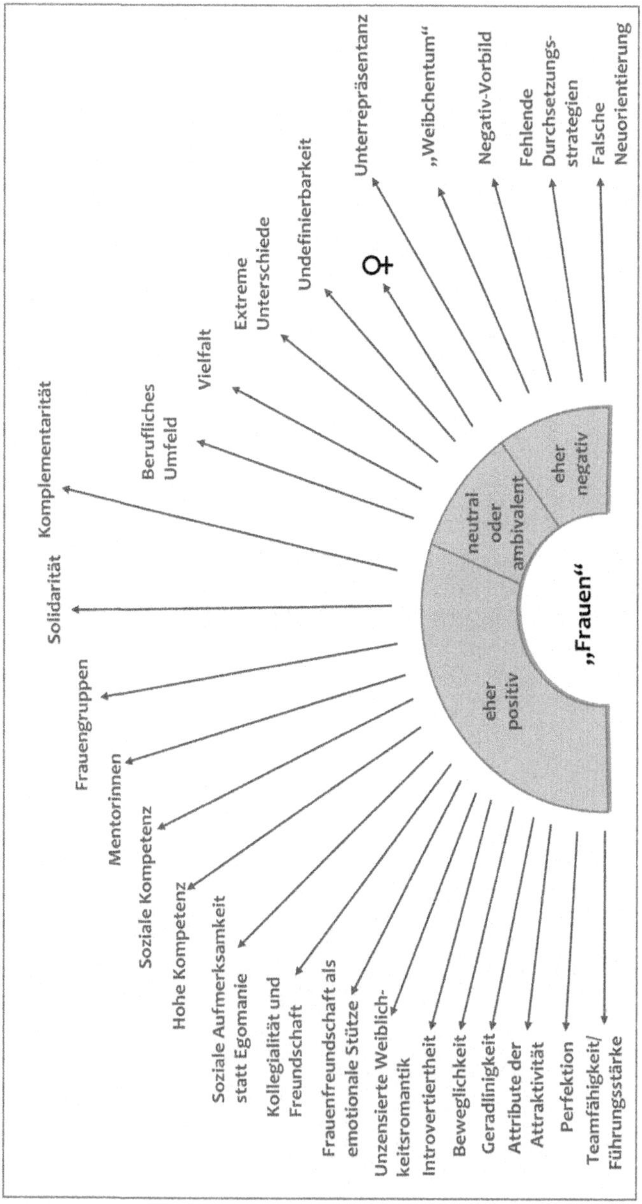

Abb. 3.2   Was Frauen zum Begriff „Frauen" einfällt – Spektrum der Assoziationen

© Barz/Cerci 2014

„Frauen"

eher positiv

neutral oder ambivalent

eher negativ

Komplementarität

Solidarität

Frauengruppen

Mentorinnen

Soziale Kompetenz

Hohe Kompetenz

Soziale Aufmerksamkeit statt Egomanie

Kollegialität und Freundschaft

Frauenfreundschaft als emotionale Stütze

Unzensierte Weiblichkeitsromantik

Introvertiertheit

Beweglichkeit

Geradlinigkeit

Attribute der Attraktivität

Perfektion

Teamfähigkeit/Führungsstärke

Berufliches Umfeld

Vielfalt

Extreme Unterschiede

Undefinierbarkeit

Unterrepräsentanz

„Weibchentum"

Negativ-Vorbild

Fehlende Durchsetzungsstrategien

Falsche Neuorientierung

3.2.2 Der Ist-Zustand: Besser als früher, aber noch lange nicht gut

„Von den Relationen kommen oben doch immer noch mehr Männer an als Frauen. Und ich glaube, dass es da schon immer noch ein Ungleichgewicht gibt." (♀-51-BK-KE)

Das Wahrnehmungsspektrum zur Frage der heute bereits realisierten Gleichstellung zeigt eine große Bandbreite. Es gibt die Wahrnehmung, dass sich einiges, manche meinen auch: sehr viel getan hat. Vor allem die jüngeren und vor allem die männlichen unter unseren Gesprächspartnern tendieren zur Auffassung, dass das Thema durch weitgehende oder sogar völlige Gleichstellung deutlich an Relevanz verloren hätte. Vor allem aber die Frauen mit längerer beruflicher Erfahrung im Kulturbereich sehen nach wie vor viele Felder ungleicher Chancen:

„Und im Museumswesen ist es natürlich so, dass immer mehr Frauen auch Museumsleiterpositionen haben. Wobei, wenn man sich – sowohl in Deutschland wie auch international – die wirklich großen Häuser ansieht, da sind die Direktorenposten in der Regel immer noch von Männern besetzt. Also, es beginnt langsam eine Veränderung." (♀-51-BK-KE)

„Dass es schon für Frauen schwieriger ist, auch für mich persönlich. Also das kriegt man dann schon so in einigen Bereichen mit, dass man das Gefühl hat, Männer werden eher gefördert bzw. bekommen auch eher Ausstellungen in Galerien und verkaufen auch eher. Das ist aber auch wirklich eine persönliche Einschätzung. [...] Wie gesagt, es ist ein Gefühl. Ich kann das nicht genau jetzt beschreiben." (♀-52-BK-KÜ)

„Ankäufe von Kunstwerken von Frauen in Museen machen etwa 13% der heutigen Ankäufe aus." (♀-58-L-KE)[16]

Dass die Veränderungen höchst notwendig und höchst willkommen sind, steht außer Frage:

„Ich war auch in meiner Generation die Ausnahmekünstlerin. [...] Ich saß sehr häufig auf dem Podium ... und ich war, ich würde mal sagen, bei 99% der Podiumsdiskussionen die einzige Frau." (♀-70-MK-KÜ)

---

16 Auch wenn diese Zahl sicher nicht für alle Museen gilt – unsere eigenen Recherchen kamen jedenfalls für NRW auf deutlich höhere Werte – so weist sie doch darauf hin, dass es massive Disparitätswahrnehmungen gibt.

„Sie brauchen sich eigentlich nur die Orchester anzugucken. Es ist mittlerweile Fifty Fifty, Frauen und Männer. Also die Zeiten sind vorbei, wo zum Beispiel die Wiener Philharmoniker stolz darauf waren, dass keine Frau in ihrem Orchester war. In Berlin ist das übrigens auch lange so gewesen. [...] Das ist sicherlich 20, 25 Jahre her. Aber das hat es zu der Zeit wirklich noch gegeben. Ich erinnere mich auch, dass ich auf einer Konzertreise, die sicherlich auch schon 30 Jahre her ist, im selben Hotel wohnte wie die Wiener Philharmoniker. Das waren Machos ohne Ende, also wirklich ekelhaft." (♀-55-M-HS)

„Frauen sind dann eher in diesem unteren Level zu finden ... und weniger Frauen in dem höheren Level. Wobei sich das natürlich erst in den letzten Jahren etwas verändert hat, das muss man ja schon sagen. Es gibt einige Künstlerinnen, die bekannt sind und die auch viel Geld verdienen ... wenigstens ... das war ja vor 20, 30 Jahren überhaupt nicht, oder fast gar nicht der Fall. [...] Ja, ich meine, es ist ja bekannt, dass Frauen bis Ende der 60er Jahre nicht mal ein eigenes Konto haben durften und nicht ohne Erlaubnis des Ehemanns arbeiten durften im Prinzip." (♀-52-BK-KÜ)

Adrienne Goehler, Kuratorin, Publizistin, Kultursenatorin a. D.[17]
„Das Künstlersein gilt immer noch als die würdigste Form, die eigene Armut auszuhalten."

Im Vergleich dazu hat sich inzwischen eine wesentlich größere Gleichstellung der Geschlechter durchgesetzt:

„Wir haben einen [Musiker] in unserer Gruppe, dessen Frau ist in einem anderen Orchester hier in der Nähe und sie haben eine schwer behinderte Tochter. Und die haben sich beide auf halbe Stellen runter stufen lassen und machen das halbjahresweise im Wechsel. D.h. sie spielt ihr halbes Jahr und dann er. [...] Das sind dann so Sachen, wo ich sagen würde, da ist die Gleichberechtigung dann eigentlich idealtypisch erfüllt. Da sind wir dann auch relativ unkompliziert oder wenn jemand schwanger wird: Dann soll sie halt ein Jahr oder zwei nehmen. Schwierig ist es dann, wenn jemand 15 Jahre weg ist ... Hier gibt es auch eine Kollegin, die kennt die Hälfte der Kollegen gar nicht, weil sie immerzu Kinder bekommen hat und die Elternzeit so genommen hat, dass es mittlerweile so lange ist. Aber das passiert ja in jedem Betrieb ... Oder auch

17 Statement im Rahmen der Tagung „Frauen im Arbeitsmarkt Kultur", veranstaltet vom Frauenkulturbüro NRW e.V. am 5.9.2013 in Berlin.

so Geschichten, wie Bezahlung, da habe ich nicht so das Gefühl, dass die un-
terschiedlich wäre ... Natürlich hat es was zu tun mit einer Einstiegsaltersstufe
und den ganzen Späßchen oder so. Aber wir haben eine Konzertmeisterin und
einen Konzertmeister. Die Konzertmeisterin verdient jetzt mit Sicherheit viel
mehr als er, weil sie länger dabei ist. Ich sehe da nicht solche Probleme. Wobei
wir da als städtisches Haus nochmal unter größerer Beobachtung stehen als
eine GmbH z.B." (♂-46-M-KE)

Niki de Saint Phalle in einem Interview mit Radio France 1991[18]

„Ich glaube zwar nicht, dass die Nanas meine besten Werke sind, aber ich habe
damit den Zeitgeist getroffen. Der Feminismus kam gerade auf, und auch wenn
ich nie offiziell in der Frauenbewegung war, bin ich durch und durch Feministin.
Das war in meinem Leben immer ein starker Motor. Und wenn man sich meine
Generation anguckt, da bin ich vielleicht die Künstlerin, die die größten Skulptu-
ren gebaut hat. Ich bin verrückt nach Größe, ich habe einen Größenwahn – aber
einen weiblichen, das ist etwas anders. [...]

Ich war wütend auf die Männer, auf die Gesellschaft, wütend, weil ich ein hübsches
Mädchen war und meine Eltern mich gut verheiraten wollten. Glücklicherweise
hatte ich die Kunst, um mit dieser Wut umzugehen."

Allerdings zieht sich der gesellschaftliche Wandel durch alle Bereiche und die
jüngere Generation, auch der Männer, hat heute ganz andere Einstellungen zur
Frauenrolle und zur Partnerschaft als früher (z.B. ♀-40-MK-KE):

„Das ist schon eine Generation, also sagen wir mal zwischen 50 und 60, die
doch da teilweise ein anderes Verständnis haben. Die nicht dem Männerbild
unserer Vätergeneration entsprechen. Doch da, glaube ich, hat sich schon
einiges verändert. Das sehe ich auch so im Freundeskreis, im Umfeld. [...] Ich
habe zum Beispiel in unserem Team einen Mann, der sich mit seiner Frau – die
sind beide berufstätig – die Erziehung der Kinder wirklich sehr ausgewogen
teilt, d.h. da ist es letztendlich egal, ob er Mann oder Frau ist, weil die Frage
nach Arbeitszeiten und Verfügbarkeiten ... die sind da genauso wie bei einer
Frau." (♀-51-BK-KE)

---

18 Zitiert nach: http://www.deutschlandfunk.de/ich-war-wuetend-auf-die-maenner.871.
   de.html?dram:article_id=206311

„Ich glaube, diese so richtig reinen Machotypen, die sterben aus, die sterben wirklich aus. Also in der Generation auch meiner Tochter, meine Tochter ist jetzt 38, also da ist das eigentlich, mein Schwiegersohn der ist ganz ... würde ich sagen ... die teilen sich das auf. [...] In meiner Generation, also ... das, was mein Mann mitunter, wenn er so vom Golfen kommt und von seinen Golfleuten erzählt ... was die so für Meinungen haben, da muss ich aber sagen, da ist ja wirklich finsterstes 19. Jahrhundert. [...] Es gibt da eben auch nach wie noch Männer, die das Gefühl haben, die Frau soll mal schön zu Hause bleiben und mir den Rücken freihalten." (♀-55-M-HS)

„Wenn sie bei Hewlett Packard oder sonst wo die Frauen an die Spitze setzen, dann ist anzunehmen, dass man das woanders auch machen kann. [...] Ich bin selber im [Name eines Service-Clubs], wo vor einem halben Jahr eine wunderbare Diskussion stattgefunden hat zu diesem Thema, weil die erste Frau rein sollte." (♂-46-M-KE)

Geschlechtsbezogene Benachteiligungen werden in puncto Honorare gelegentlich berichtet, z.B. für das Schauspiel (♀-27-T-KÜ) oder den Film:

„Ich habe schon meistens gehört, dass Leute auch gesagt haben, dass eben gerade auch als freie Regisseure oder so oder wenn man fürs Fernsehen oder so arbeitet, dass dann auch teilweise die Frauen auch mal weniger Geld kriegen als die Männer." (♀-34-F-KÜ)

Es gibt sogar Wahrnehmungen eines regelrechten „Roll Back" der Männerdominanz:

„Im deutschen Komponistenverband ist der Frauenanteil, glaube ich, bei fünf Prozent. [...] In der [Musik]Hochschullandschaft sind wir noch vollkommen entfernt davon, eine Frauenquote von überhaupt nur zehn Prozent oder fünf Prozent zu haben. [...] Es gibt nur Simone Young, die Generalmusikdirektorin von der Staatsoper Hamburg und deren Vertrag ist jetzt ausgelaufen, meines Wissens nach hat sie noch keinen neuen irgendwo anders und ... man macht das jetzt mit einem Mann. Genauso in Mainz ... es ist wieder mit einem Mann besetzt worden. In Bremen ... ist die Stelle anschließend wieder mit einem Mann besetzt worden. Also überall, wo es mal war, gibt es den Roll Back. [...] Wir haben zum Beispiel in Deutschland nicht eine einzige Professorin für elektroakustische Musik für den ganzen Bereich der Elektronik, in der elektronischen Musik ist der Frauenanteil vollkommen lächerlich, also nicht existent." (♀-47-M-KÜ)

Fast diametral entgegengesetzt, sind andere Wahrnehmungen, die vor allem junge Frauen schildern. Jüngere Frauen lehnen eine Sichtweise in Richtung geschlechterbezogene Benachteiligungen oder Bevorzugungen z.T. geradezu „ideologisch ideologiefrei" ab und sehen sich nicht als benachteiligt an. Manchmal wird das „Rollenbild der benachteiligten Frau" auch offensiv abgelehnt und energisch auf ausschließlich inhaltliche bzw. professionelle Standards verwiesen:

> *„Ich habe überhaupt nicht das Gefühl, dass ich als Frau benachteiligt werde.*
> *[...] Also ich fühle mich persönlich nicht benachteiligt, weil ich eine Frau bin*
> *im Literaturbetrieb, überhaupt nicht." (♀-29-L-KÜ)*

> *„Ja, ich glaube, viele Frauen müssen sich durchkämpfen. Bei mir ist das nicht*
> *so. Ich habe eigentlich nie gedacht, ach das funktioniert jetzt nicht, weil ich*
> *eine Frau bin. Oder es fällt mir schwerer, weil ich eine Frau bin. Das ist nichts,*
> *was ich denke." (♀-30-T-KE)*

> *„Ich hab' die Stelle bekommen aufgrund des Konzeptes, das ich vorgelegt hatte.*
> *Insofern habe ich da jetzt keine persönlichen Erfahrungen von Benachteili-*
> *gungen oder so." (♀-34-L-HS)*

> *„Ich habe bisher noch überhaupt kein Gefühl, dass ich eine Förderung nicht*
> *bekommen habe oder bekommen habe, weil ich eine Frau bin." (♀-34-F-KÜ)*

Isa Genzken im Interview mit dem SPIEGEL 2007[19]

In den siebziger und achtziger Jahren war Düsseldorf das Zentrum der Kunst, berühmt wurden damals Maler wie Jörg Immendorff oder eben auch Richter. Sie waren eine doppelte Außenseiterin, Frau und Bildhauerin.

Genzken: Ich glaube nicht, dass Frauen es schwerer haben. Heute bestimmt nicht.

Die gegenüber dem Thema Frauenbenachteiligung reservierte Haltung konnte auch bei den z.T. vergeblichen Rekrutierungsbemühungen gerade im jüngsten Alterssegment der Kunstschaffenden beobachtet werden. Eine junge Absolventin der Robert-Schumann Musikhochschule, obwohl ohne festes Engagement, lehnte unsere Interview-Anfrage im Mai 2013 ab und schrieb zurück:

---

19 DER SPIEGEL, Heft 23/2007 S.179: http://www.spiegel.de/spiegel/print/d-51804516.
    html

„Im Grunde kann ich, so glaube ich, nicht viel zu dem Thema sagen. Ich fühle mich in meinen Orchester ziemlich gleich berechtigt und kann keine Unterschiede oder Bevorzugen von Männern feststellen. Es werden zwar gerne Männer neu eingestellt, das liegt aber auch nur daran, dass inzwischen der Frauenanteil deutlich über dem Anteil der Männer liegt, zumindest bei den Geigen."

Marina Abramovic im Interview 2012 mit PROFIL[20]

Woher rührt denn Ihr Misstrauen gegen den Feminismus? Ihre Arbeit gilt doch als radikalfeministische Kunst.

Abramovic: Zunächst glaube ich nicht an die Gender-Theorie. Kunst hat kein Geschlecht. Und dann hasse ich diese Prozentrechnerei, die besonders in Amerika gepflegt wird: Wie viele Frauen arbeiten in der Kunst? Wie viele Lesben schaffen es? Wie viele Afroamerikaner machen Karriere? Wie viele Puerto-Ricaner? Wen interessiert das? Kunst ist nicht demokratisch. Es gibt gute und schlechte Kunst. Die Frage, wer sie macht, ist unwichtig. Wer feministisch denkt, sitzt schon im Ghetto fest. Ich kämpfe seit Jahrzehnten dagegen an, als Frauenkünstlerin gesehen zu werden. Denn ich habe mich als Frau nie schwach gefühlt, sogar meist sehr überlegen, um ehrlich zu sein. Feminismus in der Kunst ist ein Stigma. Und ich habe nie in meinem Leben eine gute feministische Ausstellung gesehen. Das ist das Problem. Die glühendsten Feministinnen sind oft leider Sonntagskünstlerinnen.

Ähnlich formulierte eine junge Streetart-Künstlerin, ebenfalls im Mai 2013, in geradezu prototypischer Weise die Haltung vieler junger Frauen gegenüber der Annahme, dass Frauenförderung automatisch Frauenbenachteiligung impliziere [Original-Schreibweise der Mail]:

„ich glaube da bin ich leider nicht die richtige ansprechpartnerin für dein thema. ehrlich gesagt beschäftige ich mich nicht mit dem thema gender. ich habe [...] einen typischen frauenberuf gelernt und habe jetzt ein hobby, die street art, in dem mehr männer aktiv sind, aber das alles ist purer zufall. ich mach die sachen, die mir spaß machen und mir ist egal, ob das sonst von mehr männern oder frauen gemacht wird. ich hab nicht das gefühl, dass ich mich mehr behaupten muss als männer um mich durchzusetzen. gerade in der street art geht es meiner meinung nach um die kunst, die ensteht, egal von wem sie geschaffen wurde. bei vielen graffiti- oder street art – künstlern ist auch gar nicht klar ob es sich um frauen oder männer handelt, da die künstler oft anonym arbeiten und der künstlername keine auskunft über das geschlecht gibt. es gibt auch viele frauen in der street art szene, aber ehrlich gesagt, ist mir das

auch nicht wichtig. ich freue mich schöne kunst auf den straßen zu sehen, egal
ob sie von einer frau oder einem mann geschaffen wurde."

Ähnlich sehen das auch die von uns befragten Männer (mit einer Ausnahme):
„Ich glaube, das Kulturgeschäft ist, mit ganz wenigen Ausnahmen, da bin ich sehr
überzeugt, eine gemischt-geschlechtliche Veranstaltung." (♂-46-M-KE)

Teilweise wird auch Kritik an einer bestimmten „Benachteiligungs-Attitüde"
formuliert, etwa in folgendem Bericht über eine universitäre Tagung:

> *„Die meisten Vorträge waren immer: ,Und da wurden wir nicht berücksichtigt,*
> *und da wurden wir nicht berücksichtigt, und da wurden wir nicht berück-*
> *sichtigt.' Und mein Vortrag hieß: 'Und da habe ich mich eingemischt. Und da*
> *habe ich mich eingemischt. Und da habe ich mich eingemischt und da habe*
> *ich gewonnen.'" (♀-62-A-KÜ)*

Öfter wird von den älteren Gesprächspartnerinnen zwar mit Verständnis und
manchmal fast auch mit Stolz auf die selbstbewusste Unbekümmertheit der jüngeren
Frauen reagiert, die nichts von Benachteiligung spüren und sie dementsprechend
auch nicht thematisieren wollen – allerdings fehle diesen eben die Erfahrung des
Berufseinstiegs und der Familiengründung:

> *„Ich hatte auch schon solche Gespräche mit Praktikantinnen und so. Die sagten,*
> *wir kommen doch weiter, ich habe gar nicht das Gefühl dass wir benachteiligt*
> *werden. Aber das kommt alles erst, wenn die Frauen Kinder kriegen. Da dreht*
> *sich der Spieß um. Da dreht er sich partnerschaftlich: Wer bleibt zu Hause?*
> *Wer verdient mehr oder weniger Geld? Wer muss seine Kariere weiterführen,*
> *wer nicht? Und in dem Moment ... die Frauen, die soweit noch nicht sind, die*
> *können sich das gar nicht vorstellen." (♀-40-MK-KE)*

---

20 Interview mit Stefan Grissemann am 18.10.2012: http://www.profil.at/articles/1242
    /560/344320/abramovic-marina-abramovic-und

3.2.3   Gründe für die schleppende Gleichstellung

„Ich selber habe darüber noch fast nie gesprochen, weil ich keine Frau bin, die sich benachteiligt gefühlt hat." (♀-27-T-KÜ)

„In den Theatern, wo ich gearbeitet habe, wird das gar nicht diskutiert. Da gibt es das gar nicht. Da gibt es alte Herren, die machen ihr Ding und die haben Musen. Aber die diskutieren keine Genderfragen." (♀-30-T-KE)

Es gibt sie noch, die Inseln unumschränkter Herrschaft eines Impresarios, der mit Charisma und Macht, „seinen Laden" am Laufen hält. Indessen: Benachteiligung wird heute meist weniger auf vorurteilsbehaftete Einstellungen von Entscheidern zurückgeführt. Oft wird berichtet, dass Frauen heute nicht sozusagen „aktiv benachteiligt" oder auch „aktiv bevorzugt" (etwa im Sinne der berühmten „Quotenfrau", „Alibifrau", „Muse") würden. Dennoch werden Unterschiede zwischen den Geschlechtern beschrieben, die sich für Frauen strukturell nachteilig auswirken. Wichtige Aspekte dieser ungleichen Chancengerechtigkeit sind:

1. Auf die Notwendigkeit von flankierenden Maßnahmen der Kinderbetreuung aber auch der Flexibilisierung von künstlerischen Arbeitszusammenhängen und die Akzeptanz von familienkompatiblen Part-time-Engagements wird immer wieder hingewiesen. Hier ist noch Verbesserungsspielraum:

   „Wir sind ja eine kleine Hochschule. [...] Wir haben zwei Babystühle unten in der Cafeteria, das war's." (♀-55-M-HS)

2. Für Frauen wird es als „Falle" beschrieben, dass sie eventuell nach der Phase der Nachwuchsförderung bestehende unsichere Perspektiven mittels Familiengründung aufzufangen versuchen und nach einer Familienphase dann nicht mehr den Anschluss finden:

   „Also dass sie auch erst mal so ein Loch haben, dann wissen sie nicht, was sie tun sollen. Dann wird geheiratet, Familie, Kinder wie immer und ewig und dann plötzlich nach 40 denken sie, na ja gut, also fangen wir nochmal an. Und dann fehlen ihnen natürlich die ganzen Drähte, die ganzen Netzwerke und so, die ganzen Beziehungen." (♀-70-MK-KÜ)

Das aus Sicht vieler Gesprächspartnerinnen traditionelle Rollenvorbild der nicht berufstätigen Frau als Mutter und Partnerin, das als noch immer wirksam beschrieben wird, wirkt gelegentlich als falsche Lösung:

„Ich finde nur schade, dass sie die besten Abschlüsse haben und dann sehr schnell in so eine Falle tappen, wo sie dann Kinder und Eigenheim und Hund haben wollen. Das finde ich ganz schade." (♀-62-A-KÜ)

3. Es gibt künstlerische Herausforderungen und karrierephasenbedingte Notwendigkeiten, die einen auch zeitlich exzessiven persönlichen Einsatz erfordern und die sich deshalb kaum mit Teilzeit-Engagement und nur schwer mit Elternschaft in Einklang bringen lassen:

„Und man kann Architektur nicht am Küchentisch machen und nicht nebenbei. Das geht einfach nicht. Das ist schon eine Ganztagsgeschichte." (♀-62-A-KÜ)

„Auffällig ist dass es so bestimmte Jobs gibt, z.B. Dramaturgen. Wenn Frauen Dramaturgen sind, dann sind sie ... ich will jetzt nicht sagen, sind sie kinderlos. Aber ich kenne relativ wenige Dramaturginnen in Konzerthäusern, die Kinder haben. Bei den Männern ist es vielleicht nochmal anders. Aber das ist auch so eine bestimmte ... Hingabe zum Beruf ist vielleicht das falsche Wort. Aber dass sie merken: wenn das funktionieren soll, dann kann das andere nicht funktionieren." (♂-46-M-KE)

„Gerade am Anfang, wenn man erst mal sich einen Namen machen muss, muss man auch sehr präsent sein. Und das ist mit Kind, glaube ich, total schwer. [...] Dieses Dilemma, in dem man dann ja steckt. Aber es gibt ja irgendwie auch die Möglichkeit, dass man halt früh ... dass das Kind in die Kita geht und auch viel in der Kita ist und so ... damit man arbeiten kann. Das gibt's ja letztendlich schon. Ich meine, das ist auch problematisch und man muss wissen, ob man das dann will, weil das auch irgendwie uncool ist. Aber ich glaube, das Problem bei so einem Künstler, also dieses Künstlerische ... das ist so das, was ich empfinde. Dass so, dass man da sehr, sehr viel Energie einfach für braucht." (♀-34-F-KÜ)

4. Aktive männliche Strategien, sich als dominant und überlegen zu positionieren („Platzhirsch") und damit Frauen auszugrenzen, sind noch anzutreffen – allerdings rückläufig, gerade in der jüngeren Männergeneration. Wo sie noch berichtet werden, tragen auch sie Spuren der Modernisierung:

„Doch, denke ich schon, dass es das gibt. Also stillschweigender, heute ist alles subtiler, denke ich. Ich glaube nicht, dass sich Männer, weil sie sich ja dieses Diskurses auch bewusst sind, auf die Straße stellen oder auf eine Bühne stellen

und sagen ,hier, ich reiße das jetzt hier und die anderen haben eh alle nichts zu sagen.' [...] Und wo ich dann das Gefühl habe, da feiert sich jemand oder legt seine ganze Traditionskenntnis auf den Tisch. [...] Da ist schon so eine Selbstherrlichkeit aber das mag auch, das mag nicht unbedingt daran liegen, dass er ein Mann ist." (♀-29-L-KÜ)

„Ja es gibt noch so alte Schauspieler so nach dem Motto ,was will denn die junge Regisseurin mir erzählen?' Die haben es schwer und auch mit alten Kolleginnen. Da weiß ich konkret von einer Freundin, die sich jetzt mittlerweile etabliert hat als Regisseurin. Da war eine alte Schauspielerin von ganz alter Schule. Weil sie hat sich ja früher auch so hat durch beißen müssen früher in diesen männerdominierten Büros und musste sich schlimmste Sprüche anhören und die wollte es ihr auch schwer machen so nach dem Motto ,ich musste mich da auch durchbeißen; jetzt musst du da auch durch.' Zum Glück gibt es das immer weniger aber die gibt es noch diese alte Tradition. [...] Nicht umsonst gibt es noch diesen Spruch von der Besetzungscouch. Das kommt ja irgendwo her das war schon ziemlich streng, dass man sich als Schauspielerin sich die Rollen hart erarbeiten musste. Das habe ich nicht mehr mitbekommen." (♀-27-T-KÜ)

5. Frauen tendieren eher zum Understatement, während Männer eher zur aktiven Selbstdarstellung greifen, bzw. einen oft kritisch beobachteten Hang zum Imponiergehabe haben („Ich erlebe Männer viel mehr als Selbstdarsteller." ♀-43-F-HS). Frauen denken bescheidener von sich, sind selbstkritischer, sind weniger selbstvermarktungsorientiert, weniger auf aktive Akquisition ausgerichtet – sondern eher inhaltlich motiviert. Das Künstlerische, der inhaltliche Anspruch steht im Vordergrund – das Kaufmännische, das Kommerzielle, das Verhandlungsgeschick, die Selbstvermarktung ... all diese Dinge sehen Frauen oft als Stärke der Männer, und als Defizite, an denen Frauen arbeiten sollten, weil sie sie als Wettbewerbsnachteil erleben.

„Ja, die [Männer] haben eine ganz andere Körperhaltung. Sie haben eine ganz andere Sprache. Sie haben eine Manipulation in der Rede – die ich toll finde." (♀-62-A-KÜ)

„Ich treffe mehr Männer die, sozusagen, auf dicke Hose machen und sagen, das mache ich hier, das kann ich, das tue ich – und dann steckt da gar nicht so viel dahinter. [...] Also das ist schon eine Erfahrung, die ich ganz, ganz häufig mache. [...] Also ganz viele Männer drehen Werbung. Das sind gar nicht viele Frauen und es kann ja nicht daran liegen, dass Frauen schlechtere Filme drehen,

das glaube ich nämlich nicht. Irgendwie behaupten die sich ein bisschen und gerade zum Beispiel in der Werbung muss man sehr, sehr von sich überzeugt sein oder da geht's um so ein Image, damit die Leute das einem zutrauen. Da sind die Männer einfach viel selbstbewusster. [...] Also zum Beispiel, ich war jetzt in Cannes, da werden die Lions vergeben, ist ein Werbefestival und da tummeln sich alle so. Und ich bin da hingefahren auch, weil ich dachte, ich muss da auch mal mein Gesicht zeigen und das ist für mich dann immer mehr Stress und dann trifft man so viele, die irgendwie so cool sind und sagen was sie alles gerade Tolles gemacht haben. Aber eigentlich wenn man sich das dann anschaut, sind das gar nicht große Dinge und so. Und man selber geht da hin aber zum Beispiel, ich habe momentan zum Beispiel eine TV-Kampagne laufen, was super ist. Also irgendwie fehlt mir manchmal, glaube ich, mir fehlt manchmal dann so ein bisschen dieses, dass ich sage, ich unterhalte mich jetzt mit jemanden und erzähle ihm das sofort. Ich weiß auch nicht, was das ist. Ich weiß auch nicht, ob das einfach eine Typsache ist oder ob das was zwischen Mann und Frau, also mit Mann und Frau zu tun hat, aber [...] Ich finde das ja auch gut im Prinzip: lieber ein bisschen zurückhaltender zu sein und dann schöne Projekte zu machen und gute Projekte zu machen. Das finde ich viel wertvoller als wenn ich die ganze Zeit mit irgendwas hausieren gehe und dann am Ende ist da aber nicht viel. Das ist glaube ich so eine Grundsatzentscheidung." (♀-34-F-KÜ)

6. Frauen haben einen sehr hohen Anspruch an ihre Leistungen und glauben oft, nur dann bestehen zu können, wenn sie Männer eine Spur übertreffen:

„Also ich habe immer das Gefühl, dass bei Frauen relativ, auch ein sehr hohes Anspruchsdenken ist, weil dann am Ende halt eben was rauskommen muss, was im Zweifel sogar ein bisschen besser ist als was die männlichen Kollegen machen." (♀-34-F-KÜ)

„Ich glaube, dass man als Frau doch immer noch ein Tacken besser sein muss." (♀-51-BK-KE)

7. Trotz aller Liberalisierung der Geschlechterrollen und Auflösung starrer geschlechtsbezogener Verhaltensmuster, bleiben Haushalt und vor allem die Hauptverantwortung in der Kindererziehung noch immer eine weibliche Domäne.

„Weil mein Companion mit dem ich die Firma habe, der ist zum Beispiel jetzt gerade Vater geworden und das ist halt, zum Beispiel überhaupt kein Problem.

[...] Obwohl die sehr, ich sag jetzt mal, sehr, auch modern leben. Aber die Frau ist eben letztendlich die, die jetzt zu Hause erst mal bleibt und er kommt jetzt wieder ins Büro. Also ich habe mir das jetzt schon auch überlegt, wenn ich ein Kind kriegen würde, dann könnte ich nicht nach zwei Wochen, sozusagen, wieder hier im Büro jeden Tag sein. Das würde ja gar nicht funktionieren." (♀-34-F-KÜ)

8. Es gibt neben den auf Männer gerichteten bzw. an kulturpolitische Maßnahmen geknüpften Hoffnungen zu einer stärkeren Frauenpräsenz in Leitungsfunktionen auch Hinweise, die auf Einstellungen und Verhalten der Frauen selbst verweisen. Bündeln lassen sich die uns diesbezüglich berichteten Beobachtungen zur geringeren Präsenz von Frauen in künstlerischen Leitungsfunktionen eventuell in folgenden Aspekten:

a. Frauen verzichten aufgrund falscher weiblicher Bescheidenheit auf Chancen, die sie eigentlich schon haben könnten: „Es gibt einen Satz: ‚Wer sich nicht bewirbt, kann keinen Job kriegen"." (♀-62-A-KÜ)

b. Frauen verzichten z.T. selbstbestimmt und bewusst auf Karrieremöglichkeiten nach „ganz oben". Mit herausgehobener Verantwortung sind nicht nur Vorteile (höheres Gehalt, höheres Ansehen, höhere öffentliche Aufmerksamkeit) verbunden, sondern auch eine Reihe von Nachteilen. Nach dem Eindruck mancher unserer Gesprächspartnerinnen treffen Frauen hier z.T. eine rationale Abwägung, und entscheiden sich z.T. bewusst gegen die Karriereoption. Nachteile können sein:

1. Mit alleiniger künstlerischer Hauptverantwortung ist oft eine höhere, bisweilen grenzwertige Arbeitsbelastung verbunden. („Sie sagen dann: ‚Den Stress tu' ich mir nicht an! Ich hau' mir nicht die Nächte um die Ohren"'; ♀-62-A-KÜ)

2. Die Möglichkeiten, Familienanforderungen (Partnerschaft, Kinder, dauerhafter Wohnsitz) und Karrierenotwendigkeiten zu vereinbaren, werden von Frauen häufiger – auch in Abhängigkeit von strukturellen Rahmenbedingungen sowie der jeweiligen Partnerschaftskonstellation („Wenn sich die beiden als Team verstehen, klappt es." ♀-62-A-KÜ) – skeptisch bewertet.

3. Die künstlerischen Gestaltungsoptionen werden in herausgehobenen Führungsrollen oft stark überlagert durch Personalverantwortung, technische und organisatorische Herausforderungen sowie Repräsentations- und Verhandlungsaufgaben (z.B. mit kommunalen oder föderalen Geldgebern).

4. Die öffentliche Präsenz kann zu Angriffen durch Öffentlichkeit und Medien führen, die als Belastung empfunden werden. („Das geht schon

wirklich an den Körper, wenn man einen schlechten Artikel über sich liest. Manche wollen das einfach nicht. Da sind sie vielleicht zu sensibel für." ♀-62-A-KÜ)

9. Immer wieder finden sich in unseren Interviews weibliche Selbstanklagen zum Thema fehlende kaufmännische Begabung, fehlende professionelle Akquisition, fehlende Selbstvermarktung, fehlendes Verhandlungsgeschick, fehlendes Durchsetzungsvermögen, oder sogar fehlendes Bewusstsein für die finanziellen Dimensionen des Kunstbetriebs:

„Also ich kann nur sagen, dass ich also total schlecht verhandeln kann und meine Einstellung wäre – und das ist aber total falsch – wäre eher so, dass ich sage: ,okay ich mache erst mal einen guten Film und dann reden wir über Geld.' Das ist, sozusagen, meine Grundeinstellung, bevor ich sage, ich will dafür so und so viel haben und wenn nicht, dann sucht euch jemand anders. Also das ist so. Aber wie gesagt, ich weiß immer nicht so genau ob das an mir liegt, wie ich ticke oder ob man das so ein bisschen pauschaler sagen kann. Also ich weiß, sozusagen, von anderen, die da auch Probleme mit haben. Aber ich kenne auch Männer, die damit Probleme haben, mit den Verhandlungen. Aber tendenziell hat das halt, glaube ich, mit so einer Selbsteinschätzung und wie man halt nach außen auftritt, zu tun. Und da sind Frauen einfach, glaube ich, ein bisschen zurückhaltender." (♀-34-F-KÜ)

„Bei mir kann ich sagen, dass mir so ein beruflicher Ehrgeiz einfach fehlt oder so ein Selbstverständnis, sich dann da auch so durchzubeißen oder durchzukämpfen. Ich glaube, dass bei Männern einfach viel mehr drin steckt, dass sie mit dem, was sie machen, dann auch einfach Geld verdienen wollen und auch was erreichen wollen, also eine bestimmte Position erreichen wollen, dass das einfach verinnerlicht ist." (♀-52-BK-KÜ)

10. Ein anderer Punkt der, neben dem fehlenden wirtschaftlichen Denken und der größeren Zurückhaltung in puncto Selbstdarstellung, häufiger angesprochen wird, ist das Netzwerken, das viele Gesprächspartnerinnen eher als eine Domäne der männlichen Akteure im Kunstbetrieb ansehen. Hier scheinen zwei Komponenten als zusammenwirkend erlebt zu werden: Einmal liegt die Netzwerkaktivität ohnehin eher im Bereich männlich geprägter Rollenmuster. Zum zweiten agieren die etablierten männlichen Netzwerke auch eher so, dass Frauen der Zugang erschwert oder unmöglich gemacht wird.

„Es gibt ja auch in meinem Bereich oder da, wo ich mich jetzt so bewege, sicherlich viele Netzwerke, die für sich sehr gut funktionieren– wo wir nicht rein kommen. [...] Es gibt da Gruppierungen da kommen wir nicht rein und da werden auch Entscheidungen getroffen. Insofern wäre es ganz gut, ein Gegengewicht zu haben. Ich glaube, dass wir uns in der Zwischenzeit schon ziemlich gut helfen. Die, die als Frauen sozusagen groß geworden sind. Da sehen wir schon zu, dass wir irgendwie unsere Projekte koordiniert kriegen und uns damit gegenseitig unter die Arme greifen. Aber da ist noch Luft nach oben." (♀-40-MK-KE)

„Was Frauen immer noch schlecht können – aber darin haben sie auch keine Übung – sie können sehr wenig Netzwerke bilden. Das fängt bei den jungen Frauen, die so um die 40 sind an. Also die jungen Kuratorinnen und so, die bringen das jetzt langsam. Also nur durch solche Netzwerke lässt sich, sozusagen, Macht generieren." (♀-70-MK-KÜ)

Katharina Fritsch im Interview mit Susanne Bieber in EMMA 2002[21]

Du setzt dich schon einige Jahre lang für die Gleichberechtigung der Frauen ein, hast dies aber bis jetzt nicht wirklich in deinen Arbeiten thematisiert.

Fritsch: Das stimmt, aber ich hatte schon immer Frank, also einen Mann, als Modell. Die Männer sind halt meine Musen.

Das weibliche Modell ist meistens dem männlichen sexuellen Blick ausgesetzt. Bei dir scheint das männliche Modell nicht zum sexuellen Objekt zu werden.

Fritsch: Ich würde keine splitternackten Männer fotografieren. Das wäre mir zu langweilig, und es gibt schon so viele Bilder dieser Art. Die Erotik liegt eher in den subtilen Bereichen, von denen man denkt, da ist überhaupt nichts, aber dann ist da doch was. Diese Spielchen dazwischen interessieren mich mehr.

---

21 EMMA, Juli/August 2002: http://www.emma.de/artikel/katharina-fritsch-die-ratten-koenigin-264138

3.2.4 Maßnahmen zur Verbesserung der Chancengleichheit bzw. zur Unterstützung von Frauen im Kulturbetrieb

„Ich bin absolut für die Quote." (♀-55-M-HS)

Eine Quotenregelung wird häufig von unseren Gesprächspartnerinnen als einzig wirksames Mittel zur Überwindung der beschriebenen Traditionen und Trägheiten angesehen:

„Eine Quote und eine tatsächlich von einer unabhängigen Stelle ... bei der Besetzung von Stellen auch bei öffentlichen Institutionen wie Museen und ähnlichem eine unabhängige Stelle, die tatsächlich männliche und weibliche Bewerbungen vergleicht. So dass, wenn die weibliche Bewerbung gleichrangig oder besser ist, sie auch akzeptiert wird in den doch oftmals sehr männlich besetzten Jurys." (♀-40-MK-KE)

„Meiner Meinung nach muss es Fifty-Fifty Künstlerinnen in Ausstellungen, in allen Museen geben. [...] Meiner Meinung nach müssen Fifty-Fifty Frauen und Männer als Professoren an den Hochschulen sein. Also Emanzipation bedeutet für mich totale Gleichstellung." (♀-70-MK-KÜ)

„Ich glaub', man muss einfach Fakten schaffen. Man muss eben sagen, wir haben acht Professuren zu vergeben und wir nehmen uns vor, mindestens die Hälfte – wenn nicht sogar eben mehr als die Hälfte – mit Frauen zu besetzen." (♂-54-MK-HS)

„Es geht nicht um Assistentenstellen, es geht nicht um Frauenförderstellen, es geht nicht um Stellen für wissenschaftliche Mitarbeiterinnen. Sondern es geht um, ich sage jetzt, die Präsidentin des Aufsichtsrats des GEMAs, es geht um eine Präsidentin vom Deutschen Komponistenverband, es geht um zehn Professorinnen in der deutschen Hochschullandschaft, es geht um einen Frauenanteil von 40% in der Akademie der Künste und und und. Also es muss ganz einfach von oben nach unten passieren und nicht von unten nach oben, weil das gar nicht hilfreich ist. [...] Wir sehen, wenn Preise vergeben werden, dann sind die drei Hauptpreisträger männlich und der Förderpreis wird an eine junge Frau verliehen. [...] Ich bin ein ganz klarer Verfechter der Quote und zwar einfach deshalb, weil sich nichts ändern wird, wenn wir sie nicht haben. Und wir brauchen die Quote einfach deshalb, um die Vielfalt von Frauen abzubilden. Es kann nicht sein, dass sie Kommissionen haben, die

klassische Berufungskommission, da ist dann eine Frauenbeauftragte drin und die aus dem Mittelbau und unter Umständen nicht eine einzige Professorin also im Bereich Komposition. Und es geht darum, der einzige Weg führt über die Quote, die Vielfalt von Frauen abzubilden. Es kann nicht darum gehen, dass man sagt, man nimmt eine Alibifrau in irgendein Gremium, in eine Jury, sondern es muss einfach eine weibliche Vielfalt genauso abgebildet werden, wie sich eine männliche Vielfalt abbildet. Niemand würde sagen, wir machen jetzt eine Kommission, das sind neun Frauen, und der eine Mann präsentiert sozusagen die Vielfalt aller männlichen Denk- und Repräsentationsformen. Auf diese Idee würde niemand kommen. Und wir brauchen, wir brauchen die Vielfalt von Frauen an jedem Ort." (♀-47-M-KÜ)

Sabrina Sadowska, Ballettmeisterin, Tänzerin, Vorsitzende der Stiftung TANZ Berlin[22]

„Frauen dürfen erst seit hundert Jahren einen Beruf ausüben. Wir haben noch viertausend Jahre nachzuholen."

Um der Quotenforderung Nachdruck zu verleihen, wird auch die Verknüpfung von Geldzahlungen bzw. Förderzuwendungen mit bestimmten Quotenerfüllungsmargen diskutiert:

„Dass man die nur sponsert, wenn … man muss an die ganzen Verträge ran." (♀-30-T-KE)

Nicht alle Gesprächspartnerinnen und Gesprächspartner teilten die hier anklingende regelrechte Euphorie pro Quote. Vehementer Einspruch gegen die Quotenüberlegungen kam in unseren Gesprächen aber eigentlich nur von männlichen Gesprächspartnern:

„Ich werde da auch immer so ein bisschen nervös, wenn die Quotennummer kommt. Weil ich glaube, es muss einfach nach Leistung und nach Qualität gehen, wenn bei uns im Orchester hinter dem Vorhang gespielt wird." (♂-46-M-KE)
„Nein, das finde ich im Kulturbereich, ehrlich gesagt, quatsch. Du kannst ja nicht im Theater, wenn es um Rollen oder den Beruf des Schauspielers geht oder auch um den Beruf des Dramaturgen, eine Quote einführen. Das halte ich für sinnlos, weil es da oft auch, wie gesagt, um eine künstlerische Begabung

---

22 Statement im Rahmen der Tagung „Frauen im Arbeitsmarkt Kultur", veranstaltet vom Frauenkulturbüro NRW e.V. am 5.9.2013 in Berlin.

geht. Da kann man nicht sagen, wir brauchen jetzt mehr Intendantinnen, oder sowas. Das sind viel individuellere Wege und Situationen, glaube ich, als das in anderen Berufen der Fall ist – durch diesen künstlerischen Aspekt. Und da würde ich sagen, halte ich das für quatsch." (♂-57-T-HS)

"Es gibt sicherlich in Deutschland [...] mehr Innenarchitektinnen ... das hält sich dann sozusagen die Waage: Also bei den Bauleitern gibt es sicherlich mehr Männer auch in jüngeren Jahrgängen. Ich glaube, das kann man sich auch nicht anders vorstellen. Das bleibt jetzt auch noch eine Weile so. Ich finde es jetzt auch nicht schlimm, da glaube ich, da muss man jetzt auch nicht irgendwie alles auf den Kopf stellen. [...] Also in der Kunst, würde ich sagen, da ist es schon tatsächlich so, dass das alles ziemlich ausgewogen ist. Ich würde nur sagen, es gibt ganz andere Bereiche ... in den Ingenieurswissenschaften oder so ... Ich glaube, da sind immer noch mehr Männer vertreten. Das ist auch okay. Da macht es dann auch aus meiner Sicht gar keinen Sinn jetzt für bestimmte Quoten kämpfen zu wollen. Die Dinge sollte man so hinnehmen." (♂-45-A-HS)

Auch Frauen sprechen sich z.T. gegen Quoten aus, weil Qualifikation und Qualität – nicht das Geschlecht den Ausschlag geben sollte.

"... also, ich dürft's vielleicht gar nicht sagen, aber ich bin gegen Quoten." (♀-47-BK-HS)

In einzelnen Kultursegmenten scheint es auch Männerquoten zu geben. Real existierende Männerquoten wurden z.B. für die Schauspielausbildung (s.u.) berichtet.

Die Schaffung von familienfreundlichen Rahmenbedingungen ist gerade für die deutsche Situation eine bleibende Herausforderung. Dazu gehören vor allem Möglichkeiten der Kinderbetreuung (♂-57-T-HS). Deshalb wird auch das auf Künstlerinnen mit Kind ausgerichtete Förderprogramm als sehr wertvoll betrachtet (♀-51-BK-KE).

"Die Infrastruktur, was die Kinderbetreuung angeht, und da muss ich einfach sagen, das ist hier im Westen zumindest noch unter aller Kanone. [...] In der Schweiz ist es noch schlimmer." (♀-55-M-HS)

"Ich kenne wirklich einige Frauen, die im Theaterfestivalbereich gearbeitet haben und dadurch total aus dem Beruf gefallen sind, dass sie Familien gegründet haben und dann viel zu schnell zu dem Entschluss gekommen sind, dass sich das gar nicht vereinbaren lässt. Weil bei den Festivals die Jobs noch kürzer

sind und es zwischen den Festivals immer Leerlauf gibt und wer da gar keinen Job hat und dann irgendwie selber für sich sorgen muss … Und da muss man dann kurzfristig andere Jobs machen; aber man muss eben noch mehr pendeln und noch öfter umziehen und da ist es dann schon einfach oft der Grund, dass Frauen, die sich um die Familie kümmern, dann …" (♀-30-T-KE)

Dr. Ursula Sinnreich, Generalsekretärin der Kunststiftung NRW Düsseldorf[23]

„Diejenigen, die Kenntnisse und Führungs-Know-how haben, sollten bereit sein, ihr Wissen zu teilen und weiterzugeben. Durch persönliches Engagement in Netzwerken und in Arbeitskreisen."

Neben Quotenregelungen und Angeboten in Richtung Familienkompatibilität wird eine dritte Maßnahme zur Verbesserung der Chancen von Frauen in spezifischen Kompetenztrainings in Richtung geschäftliche Aspekte gesehen. Ein probates Instrument sehen manche Gesprächspartnerinnen auch in Mentoring, Supervision oder Coaching. Netzwerken wird bisweilen als notwendige Maßnahme gegen männliche Dominanz vorgeschlagen. Auch kommen Anregungen zur Sprache, eigene „Vermittlungsbörsen für Frauen" ins Leben zu rufen (♀-54-F-KE). Das Thema Netzwerk von Führungsfrauen in Kunst und Kultur, das gelegentlich angesprochen wurde, stößt z.T. auf eher verhaltenes Interesse („Ja, warum nicht? … oh Gott noch ein Termin", ♀-43-F-HS).

„Besseres Verhandeln – sie müssen alle besser lernen, ihre Qualitäten zu präsentieren. Nicht übertrieben, dass es in irgendeiner Weise zu aufgesetzt wirkt. Oder von vornerein zu übertrieben abgestempelt wird, sondern ganz klar: das sind meine positiven Eigenschaften, die ich mitbringe und deshalb stelle ich in meiner Position folgende Bedingungen. […] Das kann man nicht früh genug lernen. Das kann man in der Schule lernen. Das kann man von den Lehrern lernen, von der Mutter oder vom Vater. Das kann man gerade vielleicht gut von Männern lernen. Aber ich halte dieses Mentoringprogramm für sehr gut. Ich habe das nie selbst mitgemacht aber ich habe das gehört von einigen. Und ich glaube, diese eins zu eins Betreuung und sich was abzugucken und sich eine wirkliche Beratung zu gewissen Punkten zu holen: Wie soll ich mich verhalten, wenn ich jetzt ein Gespräch habe mit dem und dem? Das halte ich für entscheidend." (♀-40-MK-KE)

---

23 Statement im Rahmen der Tagung „Frauen im Arbeitsmarkt Kultur", veranstaltet vom Frauenkulturbüro NRW e.V. am 5.9.2013 in Berlin.

Es gibt jedoch auch kritische Bewertungen derartiger Weiterbildungsangebote, gerade von Künstlerinnen, die bereits an derartigen Kursen teilgenommen haben. Es entsteht der Eindruck, dass derartige Weiterbildungsangebote an Künstlerinnen als eine Art „Abspeisen" wahrgenommen werden könnten, weil die eigentlich tatsächlich einzig relevanten Voraussetzungen für bessere Chancen, nämlich mehr Geld und mehr harte Quoten-Vorgaben nicht umgesetzt werden:

> *„Wie präsentiere ich mich oder diese Geschichten. Also das ist ... das Thema ist echt durch für mich." (♀-52-BK-KÜ)*

Ein anderer Grund für die Skepsis, derartige Angebote frauenspezifisch anzulegen, liegt darin, dass viele Fragen als geschlechterübergreifend wahrgenommen werden:

> *„Also ich bin ein wenig unentschlossen, weil wo wir die Firma gegründet haben, haben wir immer Angebote für Gründerinnen bekommen und uns gewundert, warum das nur an Frauen gerichtet ist. So von Unternehmensberaterinnen und Steuerberaterinnen und uns gesagt wurde ‚Frauen gründen immer anders, weil Frauen anders sind' und wir nicht immer sicher waren, ob das tatsächlich stimmt und in welchem Masse das auf uns zutrifft. Dass das alles frauenspezifische Probleme sind, mit denen wir uns in der Gründung rum geschlagen haben. So dass ... ich da find', Netzwerke sind gut ... aber die hätten jetzt nicht auf Frauen ausgelegt werden müssen." (♀-30-T-KE)*

Die oft schwierige Situation von weiblichen Künstlerinnen wird zu einem Teil als generelles Problem des Kunst- und Kulturbetriebs, das Männer und Frauen gleichermaßen betrifft, gesehen:

> *„Mein Ziel ist es von Kunst zu leben. Und je weniger man das kann, desto mehr muss man auf der anderen Seite sich dann mit Jobs aufreiben, die natürlich auch viel Zeit auffressen." (♀-52-BK-KÜ)*

Dieses hier von einer Künstlerin beschriebene Problem der fehlenden Absicherung des wirtschaftlichen Auskommens wird indessen von einer Reihe von Gesprächspartnern als unabhängig vom Geschlecht beschrieben. Auch deshalb, weil gelegentlich der Eindruck formuliert wird, „dass es der Kultur immer mehr an den Kragen geht." (♀-52-BK-KÜ)

3.2.5 Nachwuchsförderung

> *„Frauen [...] haben es leichter im Studium, aber im Beruf haben sie es schwerer."* (♂-57-T-HS)

Der Nachwuchsförderung insgesamt wird ein für die Entwicklungsmöglichkeiten weiblicher Künstlerinnen in allen Sparten eher günstiges Zeugnis ausgestellt. Auch die Zahlen der Förderstipendien oder Nachwuchspreisverleihungen deuten in dieselbe positive Richtung. In den Interviews zeichnet sich indessen das Problem ab, dass gerade Frauen nach dem altersbedingten Ende der Nachwuchsförderung und eventuell verschärft durch Familienphasen vor der Frage stehen, ob sie die wirtschaftlich ungewisse Zukunft einer Künstlerinnenkarriere in Kauf nehmen wollen oder doch weniger riskante Optionen (Job, Brotberuf, Heirat) wählen sollen. Während also die Zahlen der weiblichen Studierenden an Kunst- und Musikhochschulen aus der Perspektive der Frauenförderung überwiegend positive Tendenzen aufweisen und auch die staatlichen Förderaktivitäten im Nachwuchsbereich bis ca. Mitte 30 eher positiv gewertet werden, tut sich für die nicht mehr ganz jungen aber noch nicht etablierten Frauen eher eine Lücke auf. Diese wird als umso problematischer erlebt, umso mehr Kinder, Familie, manchmal auch noch Pflege der Elterngeneration zur Verschärfung der Situation beitragen. Auch hier setzen Vorschläge für eine Verbesserung der Förderpolitik ein:

Für die Gleichbehandlung z.B. bei Erstberufungen an Hochschulen wird eine „Plus 5"-Regelung vorgeschlagen, d.h. ein Bonus von fünf Jahren für diejenigen (egal ob Frauen oder Männer), die Erziehungsaufgaben für ein Kind übernommen haben:

> *„Also 'ne 35 jährige Kollegin muss dann mit 'nem 30jährigen Kollegen verglichen werden."* (♂-54-MK-HS)

> *„Dass man dann eigentlich Frauen eine längere Nachwuchsstrecke geben müsste, wo man dann vielleicht sagt, die müssen sechs Filme machen oder so bis sie wirklich ... weil, das finde ich überhaupt ein Problem in der ganzen Künstlerinnenförderung, dass Nachwuchs sehr begrenzt ist, also auf eine bestimmte Projektzahl."* (♀-43-F-HS)

Flankierend zu den üblichen familienunterstützenden Maßnahmen wird die Erhöhung der Altersgrenzen bei Stipendien und Nachwuchsförderung vorgeschlagen, um Frauen auch nach einer Familienphase den Wiedereinstieg zu ermöglichen. Aber auch unabhängig von Auszeiten zwecks Kindererziehung wird auf das Problem hingewiesen, dass Fördermöglichkeiten jenseits der Nachwuchsförderung fehlen

(„wenn man über 50 ist, so wie ich das bin … da nimmt das natürlich rapide ab, die Fördermöglichkeiten." ♀-52-BK-KÜ) Auch kommt immer wieder zur Sprache, dass Frauenförderung und familienfreundliche Arbeitsbedingungen sich nicht in der Bereitstellung von Kinderbetreuung erschöpfen dürfen:

> *„Man muss darauf hinweisen, dass es neben Familienförderung bis zu Kin-*
> *dergartenplätzen aber auch noch eine ganze Menge andere Bereiche gibt, wo*
> *man dann Strategien parat haben sollte. Vereinbarkeit von Beruf und Familie*
> *heißt eben nicht nur Kindergartenplatz usw. Es muss auch eine Strategie für*
> *danach geben, weil man sowohl innerhalb der Partnerschaft aber auch in der*
> *Familie sich das zurecht legen muss. Aber auch nach draußen hin, wie man da*
> *aufzutreten hat als Frau. Auch welche Vorurteile und harten Gegebenheiten,*
> *auf die man dann trifft … nicht dass es dann so eine Bauchlandung wird."*
> *(♀-40-MK-KE)*

Nach der Nachwuchsförderung gibt es kaum noch Fördermöglichkeiten „also außer die wirklich sehr sehr großen Literaturpreise, wo dann Lebenswerke ausgezeichnet werden." (♀-29-L-KÜ)

Auch die Vorverlagerung von Fragen der wirtschaftlichen Selbstbehauptung am Kunstmarkt in die Ausbildungsphase wird vorgeschlagen:

> *„Man müsste eigentlich, denke ich, in der universitären Kunstausbildung schon*
> *auch dieses Thema ansprechen. Weil viele Künstlerinnen und Künstler besuchen*
> *ja Akademien, Universitäten und sind in dem gleichen System, was diese Frage*
> *nicht immer unbedingt auch stellt. Also und ich glaube, wenn man das im*
> *Laufe seines Studiums thematisiert hat, dann kann man … , hat man auch eine*
> *Rüstzeug bei sich, vielleicht in seinem Leben damit umzugehen." (♀- 58-L-KE)*

Dass in der Nachwuchsförderung nicht nur für das weibliche Geschlecht neue Impulse gefragt sein könnten, wurde mit Blick auf die „Mädchen auf der Überholspur", also auf eine Situation, die sich heute in vielen Leistungsvergleichsstatistiken der jungen Generation deutlich abzeichnet, formuliert:

> *„Ich würde sagen, in der Ausbildung muss man sich langsam wieder Gedanken*
> *machen, wie man die Jungs wieder dazu kriegt – also eher so. Das hat ja auch*
> *was mit diesem sich mehr konzentrieren auf eine Sache und … einfach ein*
> *bisschen braver üben können von jungen Frauen oder Mädchen zu tun. Dass*
> *die Jungs da einfach nicht mehr hinterher kommen. Es gibt ein paar, die üben*
> *wie die Teufel. Aber es gibt auch viele, die das nicht machen. Ich weiß nicht,*

was früher anders war, aber da kamen halt Jungs auch durch und das nimmt extrem ab. Das hat vielleicht auch mit Ganztagsschulen oder sonst was zu tun ... mangelnder Eliteförderung vielleicht. Dem Phänomen, dass die Orchestermusiker inzwischen zu einem ganz großen Teil aus politischen Systemen kommen, die wir eigentlich gar nicht gut heißen wollen. Aber da funktioniert's halt mit der Ausbildung. Und hier ist so eine Art von Gleichmacherei da, die nicht fair ist. Aber die hat, glaube ich, mit den Geschlechtern nichts zu tun. Sondern mehr allgemein mit diesem Gefühl, dass alles verschult sein muss. Je mehr verschult wird, desto leichter wird es, glaube ich, für Mädchen. Weil die einfach in diesem klassischen Schulsystem besser durchkommen. Die können das besser ertragen." (♂-46-M-KE)

3.2.6   Weibliche Handschrift im Kulturmanagement

> *„Also ich würde sagen, die Frauen, die richtig gut sind, die sind derartig gut, dass sie besser sind als die Männer."*
> *(♀-47-M-KÜ)*

Für viele Führungsaufgaben, vor allem dort, wo emotionale und soziale Intelligenz eine große Rolle spielen, werden Frauen als das eigentlich kompetentere Geschlecht wahrgenommen. Beispiele finden sich in den verschiedenen Sparten und Sektoren – wobei vor allem die weniger egozentrische und stärker ganzheitlich orientierte Denk- und Handlungsweise von Frauen betont wird. Interessanterweise in unseren Gesprächen gerade auch von Männern:

„Ich glaube persönlich, dass Männer dümmer sind in dem Job. Da geht es mehr so um: ‚Ich entscheide hier! Und was willst du eigentlich?' Und bei Frauen ist es meistens eine größere Konfliktbereitschaft. Nicht dem Konflikt ausweichen, sondern durch ... ‚jetzt erzählt erst mal' ... Das klingt jetzt alles so archaisch – aber das ist doch der mütterliche Ansatz. Der Vater will nicht hören. Das ist so ein Mutterding. Es gibt ja auch ganz oft so die Ansage, dass Frauen die besseren Managerinnen sind, weil sie überhaupt in der Lage sind, eine Gruppe als Gruppe zu akzeptieren und nicht sagen: ‚Nee, Moment, erst muss hier klar sein, dass ich hier der Chef bin. Dann gucken wir mal weiter.' Also da kenne ich auch viele von diesen ganzen alten Geschichten ... von diesen Impresario-Typen, die gottgleich sich hier durch die Gegend gehurt haben und die Gelder verprasst haben. Und dann nebenbei noch ein paar Künstler eingekauft haben. Das ist zwar so eine Haltung, die ist zwar unglaublich mondän; aber die hat natürlich

mit der Kunst selber nichts zu tun. Da sind die Frauen, glaub' ich, natürlich eine sehr spannende Alternative." (♂-46-M-KE)

„Flexibler, diskussionsbereiter, diskussionsoffener ... flexibler in der sehr spontanen Anpassung an Gegebenheiten. Im Kulturbereich muss man sehr spontan irgendwelche neuen Wege gehen ... Frauen haben da eine sehr große Innovationbereitschaft, sind aber trotzdem zielstrebig. Das möchte ich nicht unterschätzen." (♀-40-MK-KE)

„Aber ich glaube, dass Frauen mit Konfliktsituationen auf der Bühne ... aus meiner Sicht wesentlich – fast würde ich sagen – geschickter umgehen. Aber auch sensibler, diese Dinge auf eine gute Art und Weise zu lösen und zu regeln. Da sind Männer schon konfrontativer." (♀-70-MK-KÜ)

3.2.7 Spartenbesonderheiten

„Also spannend ist auch zum Beispiel, dass von 1996 bis 2012, ich spreche von immerhin 16 Jahren, in Komposition in der gesamten Bundesrepublik die Berufungsquote von Hochschulprofessorinnen bei Frauen bei null Prozent liegt." (♀-47-M-KÜ)

Nur wenige Frauendomänen können sich der für die meisten Bereiche des Kultur- und Kunstbereichs noch immer typischen männlichen Suprematie widersetzen. Zu den Bereichen, in denen Frauen eher größeren Einfluss haben, zählen etwa Dokumentarfilm (während der wesentlich budgetintensive und prestigeträchtige Spielfilm männlich dominiert bleibt), Lyrik (während der Literaturbetrieb sonst weiter stärker männlich geprägt ist), Museumspädagogik (während die kostspieligen Neuerwerbungsentscheidungen oft in Männerhand liegen), Videokunst (wo sich die weibliche Dominanz inzwischen relativiert hat), Innenarchitektur (während die Baukunst weiter großenteils männlich ist). Diese Eindrücke werden von unseren Gesprächspartnerinnen und Gesprächspartnern berichtet oder sie ergaben sich aus Recherchegesprächen im Zusammenhang der Datenerhebung. Vor allem Videokunst, aber auch die Body Art- und die Performance-Szene der 70er und 80er wird als stark durch Frauen geprägt (♀-40-MK-KE) beschrieben, wofür auch Erklärungen geboten werden:

„Genau in diesem Bereich hat schon vor zwei Jahrzehnten Genderforschung stattgefunden, die behauptet hat, als die Videokunst aufkam also in den 70er

Jahren, dass dadurch ein ganz neues Medium aufkam, ein ganz neues Genre aufgekommen ist. Dass da plötzlich Künstlerinnen viel stärker vertreten waren. Da gibt es ganze Forschungen, da hat man sich eigentlich gefragt: weshalb. Weil eigentlich sagt man, Frauen und Technik, das ist jetzt nicht so kompatibel, aber die Theorie ging weiter dahin, dass man gesagt hat, dass es ein unbesetztes Feld ist, ein Feld nicht wie die Malerei es war ein Feld, das unbesetzt war von Traditionen. Malerei war ganz klassisch eine männliche Kunstgattung." (♀-40-MK-KE)

Die Situation von Frauen wird in den verschiedenen Sektoren unterschiedlich wahrgenommen. Als Bereich besonders zählebiger Benachteiligung werden offenbar die Hochschulen erlebt. Die dort obligatorisch tätigen Gleichstellungsbeauftragten werden bisweilen als eher machtlos beschrieben:

„Da, finde ich, liegt noch ziemlich viel im Argen. Weil da ist es noch tatsächlich so, dass man mit Familie eigentlich zur Seite gedrückt wird und das zieht sich dann auch bei den Besetzungen solcher Stellen weiter durch. Und da bin ich absolut enttäuscht von den diesen Gleichstellungsstellen in Universitäten, die aus meiner Sicht nur Makulatur sind. Da sind Menschen aus diesen Gleichstellungsstellen dabei und die können nichts ausrichten gegen die Entscheider aus den Fachbereichen. Die sind auch bei den Personalgesprächen dabei- und sie richten nichts aus. Warum? – Weil sie sich nicht durchsetzen können, da zählt das Alter. Da ist man zu alt und das sage ich aus eigener Erfahrung. Da zählt es nicht, wenn man sagt ,Hallo ich habe zwei Kinder'. Das alles wird nicht mehr in die Waagschale geworfen." (♀-40-MK-KE)
„Ich habe eine Zahl gelesen vor kurzem ... irgendwie angesichts von 30 Jahren Gleichstellungsbeauftragten in Deutschland, dass die Einkommenssituation von Frauen in diesen 30 Jahren von 24% weniger Durchschnittsgehalt auf 22% jetzt gestiegen ist und das als Erfolg? Das ist mir einfach zu wenig. Und ich werde heute ungeduldiger." (♀- 58-L-KE)

Die Gleichstellungsbeauftragte einer Kunsthochschule berichtet, dass aus ihrer Sicht relevante Kriterien für Berufungsentscheidungen weniger mit Geschlechterproporz als vielmehr mit künstlerischen und handwerklichen Qualitätsaspekten zu tun haben sollten – und auf der anderen Seite eine aufgeblähte Gleichstellungsadministration zu viele Energien bindet:

„Wir haben sehr viele Sitzungen, Gremien. [...] wenn zum Beispiel Reinigungsfrauen eingestellt werden, bin ich auch dabei." (♀-47-BK-HS)

In der Sparte Musik gibt es zwar erfolgreiche Frauen, aber z.B. die Orchesterleitung und Bereiche der Komposition werden als bis heute fast ausschließlich männerdominiert wahrgenommen:

> „Wo es nicht funktioniert, ist bei Dirigenten. Es gibt relativ wenige Dirigentinnen. Obwohl es ganz tolle gibt. Das Lustige bei denen ist eigentlich immer, dass sie funktionieren, weil sie sehr männlich wirken. Die haben eigentlich so einen Alphatiermodus eingeschaltet. [...] Ganz blöd gesagt: Sie brauchen relativ klare Schlaggebung. Das sind so Geschichten, das funktioniert eigentlich nur in so einem diktatorischen Ansatz. Und der diktatorische Ansatz ist grundsätzlich Frauen untypisch. [...] Die Stellen werden auch mit Frauen besetzt. Aber die Frauen werden nicht aufgrund ihrer typisch weiblichen Lösungsorientierung, sondern eigentlich aufgrund der männlichen Aspekte in ihrem Schaffen ... Und ich glaube das wird sich nicht ändern, solange sich nicht das Prinzip Orchester ändert. Dann kann man es eigentlich nur auflösen." (♂-46-M-KE)

Auch ist auffällig, dass selbst dort, wo z.B. ein Instrument wie Harfe fast ausschließlich von Frauen gespielt wird, Spitzenpositionen wiederum von Männern eingenommen werden:

> „Es gibt doch diese Sportarten ... Ich glaube beim Reiten ist das so: Reiten wird fast nur von Frauen betrieben und in der Spitze sind plötzlich Männer da ... beim Springreiten z.B. ... beim Tanzen. Man merkt, das ist ganz verrückt, es machen eigentlich ganz, ganz viele Mädchen, jetzt mal blöd gesagt. Aber der im Moment führende Harfenist ist der Mann, der alle Jobs jetzt bekommt ... Die Flöte ist ähnlich." (♂-46-M-KE)

Die Schauspielausbildung ist mit dem Phänomen konfrontiert, dass sich wesentlich mehr Frauen als Männer bewerben und Frauen auch überwiegend als die talentierteren Bewerberinnen wahrgenommen werden. Weshalb es dort die Praxis einer Männerquote zu geben scheint:

> „Die Bewerbungszahlen von Frauen sind generell doppelt bis dreimal so hoch. Das heißt ja jetzt noch nicht, dass die auch begabter sind. Trotzdem, wir sehen das vom Ergebnis her: Wir nehmen zehn Leute auf. Wenn wir rein vom Talent aufnehmen würden, würden wir 8 Frauen und 2 Männer nehmen. [...] Die Weltliteratur oder die Theaterliteratur funktioniert ja genau umgekehrt: Das heißt, es gibt im Prinzip wesentlich mehr Rollen für Männer als für Frauen. So. Und deswegen gibt es bei uns eine Männerquote." (♂-57-T-HS)

Auch wird von weiblichen Schauspielschülerinnen eine schnellere Reifung, ein früheres, schnelleres Erreichen einer hohen Professionalität berichtet – ein Prozess, der bei Männern wesentlich länger andauert. Als Sondersituation erscheint damit die zahlenmäßige Überrepräsentanz von talentierten Frauen im Berufsfeld Schauspiel, weil es hier mehr Rollen für Männer gibt (♀-27-T-KÜ):

> *„Und dadurch, dass es weniger Männer überhaupt sind und die Begabungen einfach rarer sind, stürzen sich erst mal immer alle auf Männer. Bei der Berufseinmündung ist es für die Frauen deutlich schwieriger, weil einfach auch eine größere Konkurrenz da ist und weniger Rollen. Die haben also dann das Umgekehrte, die haben es leichter im Studium, aber im Beruf haben sie es schwerer." (♂-57-T-HS)*

Eine andere Sondersituation wird für den Filmproduktionsprozess berichtet, dessen technische Aspekte ihn eventuell traditionell zu einer Männerdomäne gemacht haben:

> *„Und es ist auffällig, finde ich, dass im Filmbereich sehr viel mehr Männer präsent sind. Also in dem wirklich herstellenden Prozess der Filme gibt es sehr viel mehr. [...] Da unheimlich viele Männer im Verleihbereich arbeiten, die die Filme später raus bringen, ... also im Herstellungsprozess sind ja irrsinnig viele Menschen dran beteiligt und bevor so ein Film gedreht wird, müssen viele Entscheidungen getroffen werden und viele Verbündete gefunden werden. Und da es sich da hauptsächlich um männliche Personen handelt, glaube ich, haben Männer einen Vorteil und das hat mir mal ein Mann auch so beschrieben. Er kann auf irgendeinen, nehmen wir mal irgendeinen Empfang, und da kann ein Mann zu einem Mann gehen und die trinken ihr Bier zusammen, die unterhalten sich auf der persönlichen Männerebene über was auch immer und machen so ein paar Sachen miteinander aus." (♀-43-F-HS)*

Als eine andere Sondersituation der Filmbranche, aber vielleicht dennoch als ein Muster, das sich eventuell öfter findet, wird eine spezifische Art Arbeitsteilung zwischen Frauen als Repräsentantinnen öffentlich-rechtlicher Auftraggeber- bzw. Fördermittelgeberseite und männlichen Kunstschaffenden beschrieben:

> *„Aber dann kommt, glaube ich, hinzu, dass diese ganze Filmwelt doch sehr männlich dominiert ist, also im Herstellungsprozess. Und auf der Seite der Fernseh- und Rundfunkanstalten gibt es eigentlich viele Frauen in Führungspositionen, also viele Redakteurinnen auch. Da sagte mir heute ... eine Frau*

[...] die viele Interviews macht mit Filmemachern, und die sagte, dass sie gehört hätte von den Redakteurinnen, dass die oft lieber mit Männern zusammenarbeiten." (♀-43-F-HS)

Wenn es stimmt, dass in vielen Ministerien, Kulturämtern, Rundfunkanstalten Frauen – außer in der höchsten Ebene – gerade im Kulturbereich die Mehrheit stellen, dann könnte die oben formulierte Beobachtung eventuell Erklärungswert beanspruchen. Jedenfalls finden sich Berichte über hohe Frauenquoten im mittleren Bereich der Kulturadministration öfter:

„Die Frauen haben sich im Kulturmanagement sehr gut aufgestellt. Z.B. die Kulturabteilung in NRW. Da sind ja, wenn es hochkommt, 3 Männer und 10 Frauen." (♀-54-F-KE)

3.2.8   Image der Genderdiskussion und des Frauenkulturbüros

„Ich habe bei den Frauen oft das Gefühl, dass sie das mit spitzen Fingern anpacken, weil sie denken, dass sie sich da als defizitär darstellen – und das will niemand." (♀-43-F-HS)

Das Image der Genderdebatte wird als sehr ambivalent wahrgenommen. Einerseits wird ihr Relevanz zugesprochen – nach wie vor. Andererseits haftet ihr etwas Angestaubtes an. Gerade das, was über die Wahrnehmung und die Reaktionen im Kreis von Kolleginnen und Kollegen berichtet wird, deutet in diese Richtung. Die Zeit der großen Aufbruchsbewegung erscheint den meisten offenbar abgelaufen:

„Ich glaube, die hohe Welle ist langsam vorbei." (♀-51-BK-KE).

Aus Sicht der interviewten Männer schließlich ist die Genderfrage z.T. kaum noch von aktueller Relevanz. Aber auch Frauen sehen den Zenit häufig als überschritten an:

„Das Thema Gender war eine Zeit lang schon mal aktueller im letzten Jahrzehnt. Es wird jetzt ... auf Tagungen, in Büchern, in Forschungsprojekten nicht mehr ganz so bedacht, wie im Jahrzehnt davor. Aber ich glaube, es ist immer noch da und gerade ich sehe schon, dass sich damit auch Künstlerinnen beschäftigen." (♀-40-MK-KE)

„Ich find's immer noch sehr wichtig und auch sehr ein großes Thema. Leider wird man aber, wenn man dieses Thema anschneidet, dann eher in so eine komische Ecke geschoben. Von wegen, das hatten wir doch alles schon und die Frauen haben doch schon so viel erreicht und ja jetzt seid doch mal ruhig nach dem Motto irgendwie, schon wieder dieses Thema. So nach dem Motto jetzt ist doch eigentlich alles gut und ja. [...] Das ist echt ein Dilemma." (♀-52-BK-KÜ)

„Ja, es hat immer so etwas Bemühtes. So ein bisschen was Kämpferisches auf der einen Seite und ich finde, [...] dass sich da Leute zum Teil in einer Generation noch abkämpfen, die selber noch gar nicht merken, dass es schon erledigt ist, das Ziel." (♂-46-M-KE)

Ein weiterer Aspekt, der als problematisch formuliert wird, ist die Defizitorientierung und der Eindruck, dass konkrete Handlungen, seien sie im persönlichen Umfeld im Sinne der individuellen Förderung von talentierten Frauen oder auf politischer Ebene in Richtung auf klare genderpolitische Vorgaben, das Gebot der Stunde seien:

„Auf keinen Fall jammern, auf keinen Fall Opferrollen pflegen. [...] Ich werde permanent von irgendwelchen Frauen angerufen, die irgendwelche Netzwerke gründen und dies und das und jenes. Es gibt hunderttausend Initiativen. Das ist gut und richtig, aber es ist wichtig, dass diese Initiativen die politische Macht haben. Es ist wichtig, dass die Initiativen nicht durch eine falsche oder schlechte Imagekultur Dinge kaputt machen. Also es muss einfach ... ich finde, wir müssen viel weniger drüber reden. [...] Wir müssen es einfach tun. Wir müssen es mit einer völligen Selbstverständlichkeit tun." (♀-47-M-KÜ)

Ein ernsthaftes Problem der in die Jahre gekommenen Frauenförderaktivitäten und ihrer Vertreterinnen ist also offenbar der Imageaspekt der Defizitorientierung. Dabei spielt keine Rolle, ob diese Zuschreibung sozusagen zu Recht oder zu Unrecht der Frauenförderarbeit anhaftet. Tatsache ist, dass sie existiert:

„Es gibt da immer noch die Jammertypen: ‚Wir werden ja nicht berücksich-tigt und wir wollen gefördert werden' und ich sehe ja auch das Dümpeln der Frauenbeauftragten, die einfach nur noch nervig in manchen Kommunen wirken." (♀-62-A-KÜ)

Im Unterschied zu diesem eher an der Kompensation von Benachteiligungen orien-tierten Ansatz bzw. Imagezug, könnte eine zukünftige gezielte Förderpolitik stärker an den Ressourcen und spezifischen Kompetenzen von Frauen ansetzen und diese in den Vordergrund rücken. (siehe den Abschnitt über „Weibliche Handschrift im Kulturmanagement")

Und schließlich kommt mit dem Thema Quote etwas Bürokratisches hinzu, an dem sich manche stoßen. Es gibt sogar fast Berührungstabus („Schmuddelecke ... geh' mir bloß weg mit Quote und Förderung und so." ♀- 58-L-KE) Und so formulieren einige Gesprächspartnerinnen ein regelrechtes Dilemma, insofern sie sich weder als enthusiastische Anhängerinnen von Gender-Mainstreaming – aber eben auch nicht als Gegnerinnen positionieren wollen. Eine typische Reaktion ist etwa:

„Also mir ist das alles zu politisch korrekt aufgeladen." (♀-29-L-KÜ)

Auch in der Beurteilung des Frauenkulturbüros schlägt sich die generelle Ambivalenz der Gleichstellungsthematik nieder, insofern die Tatsache seiner Existenz und die konkrete Arbeit einerseits oft sehr geschätzt werden. Andererseits werden aber auch Einschränkungen formuliert, die einen Modernisierungsrückstand andeuten könnten.

Zunächst ist die Existenz des Frauenkulturbüros einem größeren Teil der Gesprächspartnerinnen bekannt – aber durchaus nicht allen. Unsere männlichen Gesprächspartner konnten sich eher nicht erinnern, schon davon gehört zu haben:

„Frauenkulturbüro." – „Wie heißt das bitte nochmal?" (♂-54-MK-HS) – „Frauenkulturbüro ... ist Ihnen kein Begriff?" – „Nee." (♀-47-BK-HS) – „Nein, sagt mir nichts." (♂-45-A-HS)

Die Arbeit des Frauenkulturbüros wird meist als sehr positiv wahrgenommen:

„Frauenkulturbüro .... Muss es geben, weil eben in den Museen noch nicht Künstler und Künstlerinnen in gleicher Anzahl ausgestellt werden." (♀-70-MK-KÜ)

Allerdings wird auch über Kritik berichtet. Diese wird erwartungsgemäß vor allem Männern zugeschrieben. Aber es finden sich auch aus weiblicher Perspektive Anfragen, die sich an Defiziten der öffentlichen Sichtbarkeit ansetzen oder generell die Berechtigung einer Genderperspektive in Kunst und Kultur problematisieren:

„Ich beurteile die Arbeit als sehr wichtig und finde, die haben wirklich eine tolle Arbeit gemacht über die ganze Zeit. Obwohl sie auch nur schwach besetzt sind, muss man ja auch mal dazu sagen. [...] Und dass das von Kollegen, also von männlichen Kollegen kritisiert wird. Das hatte ich schon oft bei mehreren mitbekommen, dass die das Scheiße finden." (♀-52-BK-KÜ)

„Also sie hatten ja einen sehr guten, brillanten Auftritt. Ich fand, dass sie sich sehr gut präsentiert haben, dass sie […] gute Connections in den Künstlerkreisen haben, was ich wahrgenommen habe. Was ich nicht mitbekomme ist, dass sie eine Öffentlichkeit haben. Sie sind eigentlich als Institution in der Stadt zumindest nicht mehr präsent. Sie meinen, sie müssten mehr Außendarstellung machen, sie müssten sich mehr präsentieren." (♀-62-A-KÜ)

„Ja, ja. Den Namen habe ich schon mal gehört. Aber da bin ich eigentlich, muss ich ganz ehrlich sagen, nicht so begeistert. Weil Musik ist Musik. Musik ist nicht weiblich oder männlich. […] Musik ist international und geschlechtsneutral." (♀-55-M-HS)

„Ich selber hatte noch keinen Kontakt zum Frauenkulturbüro. Ich habe letztens für eine Freundin nachgeschaut, welche Förderungsmöglichkeiten es im Bereich der Dramaturgie gibt und da ist mir … ich meine, das wäre eben vom Frauenkulturbüro NRW auch … dass es einen Dramatikerinnenpreis gibt. Und der ist mir aufgefallen. Also und dann ist mir aufgefallen, dass ich schon wieder darüber nachgedacht habe, ob ich das gut finde, dass es einen extra Dramatikerinnenpreis gibt. […] Weil das dann auch schon wieder so Kategorien aufmacht, mit denen ich Schwierigkeiten habe. Aber ganz bestimmt ist das wichtig, dass es das Frauenkulturbüro gibt. Ich würd's nicht abschaffen wollen, also ganz bestimmt nicht." (♀-29-L-KÜ)

Dort, wo es Erfahrungen mit Gender-Trainings gibt, werden diese ebenfalls eher ambivalent erinnert:

„Da war 'ne Gender Trainerin, die hat also mit großer Vehemenz für das dritte Geschlecht geworben und so. Und das war … also sie hatte selber 'nen Bart. Also es war so, sagen wir mal … kann man alles machen, es hatte alles seine Berechtigung. Sie hat dann aber erst mal damit angefangen, dass wir eben nicht mehr also Professor/in schreiben sollen, sondern Unterstrich für das dritte Geschlecht eben so 'nen Raum lassen, der undefiniert ist." (♂-54-MK-HS)

Eine gelegentlich formulierte Anregung ist die Neupositionierung der Frauengleichstellungsarbeit als Diversity Management,

„Also ich schlage vor, weniger mit diesen Mann/Frau Labels zu arbeiten ganz konkret. Mehr so, also mehr so über Projektförderung, über Führungskräfte und dabei eben gezielt die Agenden der geschlechterspezifischen Förderung

*verpackt verkaufen. Das ist 'ne Frage des Designs, ganz ehrlich. Also wenn
mir einer sagt, wir machen jetzt ein Gender Training, dann interessiert mich
das sogar noch. Aber ich weiß, bei meinen Kollegen da ... Und das war auch
so: von den 80 möglichen waren 20 da.*" (♂-54-MK-HS)

*„Dass man, ja merkt, dass diese Multiperspektivität, die in der Gesellschaft
ja vorhanden ist, ... dass man aus den unterschiedlichen Perspektiven von
Männern, von Frauen, von Jungen, von Alten, von Menschen mit und ohne
Migrationshintergrund, von Behinderten oder auch die sexuell anders orien-
tierten Leuten, also dass daraus ein guter Mix kommen kann. [...] Das heißt
aber in der Konsequenz, dass man die Bezeichnung Diversity Management
oder diese Diversity bewusst macht – aber eben überlegt was für die einzelnen
Gruppen dann möglicherweise auch an unterschiedlichen Förderprogrammen
läuft.*" (♀- 58-L-KE)

Die Vielfalt der Verschiedenheit der Menschen und Minderheiten (Frauen, Behinderte, Ausländer, Schwule, Lesben, Farbige etc.) ist auch für die interviewten
Männer ein sinnvolles Dach für Gleichstellungspolitik dar:

*„Ich glaube, man muss es ein bisschen größer sehen. Ich glaube, das wäre
jetzt falsch, wenn man sich sozusagen nur auf die Frauen beziehen würde.*"
(♂-45-A-HS)

Unter Diversity-Perspektive können dann z.B. auch Männer sensibilisiert werden,
insofern eventuell auch Männer mit Migrationshintergrund durch die herrschen-
den Spielregeln des Kulturbetriebs benachteiligt sind. Politische Relevanz bekäme
dieser Ansatz auch durch z.B.

*„Zielvereinbarungen bei Auftragsvergabe im Bereich der öffentlichen Ver-
waltung, die entsprechend dieser Diversity-Kriterien laufen.*" (♀- 58-L-KE)

Als Musterbeispiel für erfolgreiche Diversity-Strategien wird Südafrika angeführt,
also ein „Land, dass elf Amtssprachen hat" (♀- 58-L-KE) und sich als „Regenbo-
gennation" versteht.

Die Fixierung auf das Thema Frauengleichstellung wird – so viel kann festgehalten werden – als stark ambivalent und manchmal auch als kontraproduktiv erlebt:

*„Das Frauenkulturbüro ist, glaube ich, in den 90ern erfunden worden. Und
da hat man ja damals auch schon diskutiert, ob man gut beraten ist, so eine*

Nischenbildung zu machen. Das hat Vor- und Nachteile. Der Vorteil ist, dass man sich eventuell besser in dieser Nische entfalten kann und unter sich ist. Aber der Nachteil ist, dass man dann vom Rest der Welt nicht ernst genommen wird ... ach ja, die in dieser Ecke ... Man will sich ja in der gesamten Szene durchsetzen und nicht nur in dieser Nische [...] deswegen ist es, glaube ich, besser, wenn man sich an Kulturinstitutionen dort so etwas angliedert, wo man nicht diesem Nischendasein ausgeliefert ist." (♀-40-MK-KE)

3.3   Ausblick

Es wurde in unseren Gesprächen auch deutlich, dass der Kunst- und Kulturbereich als Teil einer gesamtgesellschaftlichen Konstellation in Sachen Frauenpolitik gesehen wird. Dies zeigten nicht zuletzt Hinweise auf Nachholbedarf, z.B. auch im Bereich der Geschlechterrollen-Vorbilder, die sich (so ein Votum von ♀-34-L-HS) noch immer in sehr einseitiger Weise in Schulbüchern finden. Auch die einseitige Ehrung von männlichen Verdiensten etwa bei der Benennung von hervorgehobenen Straßen und Plätzen wurde kritisch angesprochen: „Also es gibt eine riesige Bismarck Allee und dann gibt es irgendwo eine Lise Meitner Gasse, an der zwei Wohnhäuser stehen." (♀-47-M-KÜ) Insofern wurde auch die Entscheidung der Universität Leipzig begrüßt, die weibliche Anrede als Standard für Professoren und Professorinnen einzuführen (♀-34-L-HS).

Im internationalen Austausch könnte, so wurde gelegentlich betont, eine wichtige Quelle für weitere Anregungen liegen:

„Ich würde Frauen aus anderen Ländern einladen. Ich würde auch einen internationalen Austausch machen. Weil ich habe mal an einem deutsch-niederländischen Theaterkongress teilgenommen und da wurde sich viel über die Strukturen ausgetauscht und da haben alle sehr viel mitgenommen für ihre eigenen Strukturen. Sowohl die, die in der freien Szene unterwegs waren, als auch für die, die in Stadttheatern gearbeitet haben. Weil man über die Auseinandersetzung mit einem ganz fremden System einfach neue Impulse bekommen kann." (♀-30-T-KE)

Interessant waren auch Hinweise auf eine sich eventuell abzeichnende neue Aktualität frauenbewegter Aktionsbündnisse. So wurden die Aktionen der Guerrilla Girls, New York (www.guerrillagirls.com: reinventing the „f" word – feminism!)

angesprochen[24] („ja, da muss man wahrscheinlich einfach noch mal ein bisschen Dampf machen", ♀-52-BK-KÜ). Auch das im Frühjahr 2012 in Karlsruhe gegründete Feministische Arbeitskollektiv (FAK), von dem die FAZ am 25.7.2013 berichtete, dass ihm ein Stipendium über 5.000 EUR verliehen wurde, fand verschiedentlich interessierte Aufmerksamkeit:

> *„Ich habe wirklich gedacht ‚Hallo, ich höre verkehrt' – und das waren auch nur drei oder vier Mädels aber die nannten sich FUK, Feministische Union irgendwie Karlsruhe ... feministische Kunstorganisation, irgend so was, habe ich vergessen, aber egal. Es waren aufgeweckte Mädels, die mit einem da diskutierten, hatten nur unheimlich wenig Bezug zu der letzten Frauenbewegung."* (♀-70-MK-KÜ, vgl. auch ♂-54-MK-HS, ♀-34-L-HS)

---

24 Es kamen natürlich auch „Pussy Riot" vor – allerdings weniger in Bezug auf frauenspezifische Aspekte, sondern eher als Beispiel für System-Kontextualität etc. („Es ist ja nicht das, was sie gemacht haben, sondern wie und wo sie es gemacht haben." ♂-54-MK-HS)

Desk-Research 4

4.1 Vorgehen

Im Rahmen von Literatur und Internetrecherchen wurden zunächst die für die Studie benötigten Informationen zur Partizipation von Frauen in Kunst und Kultur in online- und offline verfügbaren Sekundärquellen identifiziert und deren Qualität bewertet. Auf Basis der sorgsam ausgewählten Quellen konnten die für die Untersuchungsziele relevanten Daten recherchiert, analysiert, selektiert und aufbereitet werden. Zusätzlich haben wir einschlägig relevante Verbände, Vereine und Dachverbände schriftlich, fernmündlich oder per eMail angesprochen und um die Zurverfügungstellung bzw. Aufbereitung von einschlägigen Daten zur Frage der Partizipation von Frauen in Kunst und Kultur im Lande NRW gebeten, darunter

- Bundesverband Bildender Künstler (BBK) Landesverband NRW e.V.,
- Literaturbüro Ruhr e.V.,
- Verband Deutscher Schriftsteller (VS),
- Landesmusikrat,
- Deutsche Orchester Vereinigung (DOV),
- Deutscher Bühnenverein (DBV),
- Filmbüro NW,
- Landesbüro Tanz NRW,
- Kulturpolitische Gesellschaft (Kupoge),
- Bundesarchitektenkammer e.V.,
- Künstlersozialkasse (KSK) sowie
- die für Mikrozensus und Hochschulstatistik zuständigen Stellen bei IT.NRW, Düsseldorf.

Für einzelne Fragestellungen wurden auch die Webseiten der vom Land geförderten Kultureinrichtungen[25] oder z.B. auch der im Städtetag NRW zusammen geschlossenen Städte ausgewertet. Um die Vergleichbarkeit der Ergebnisse zu ermöglichen und aus Gründen der besseren Lesbarkeit wurden die Daten aus Sekundärquellen so weit möglich einheitlich grafisch aufbereitet. Soweit verfügbar wurden Daten aus den Bezugsjahren 2009, 2010 und 2011 in die Dokumentation einbezogen. Soweit vorhanden wurden teilweise auch Daten aus 2012 und in seltenen Fällen aus dem laufenden Jahr 2013 verwendet. In Einzelfällen waren auch nur auf das aktuelle Jahr 2013 bezogene Daten abrufbar – bedingt durch Umstellungen der Buchhaltungsstatistik (z.B. bei der Deutschen Orchestervereinigung) oder auch weil einschlägige Statistiken erst in jüngster Zeit erstellt und gepflegt werden (z.B. beim Tanzbüro NRW).

Dabei erwiesen sich die Recherchen insgesamt oft als schwierig – trotz einer fast überall gegebenen äußerst kooperativen Bereitschaft zur Unterstützung unserer Recherche. Denn: Bei vielen Verbänden und Koordinationsstellen liegen entweder überhaupt keine oder keine aussagekräftigen Daten zu unseren Fragestellungen vor. Drei Beispiele: Der Verband deutscher Schriftsteller (VS) konnte uns zwar mitteilen, dass im Jahr 2013 von den 554 Mitgliedern im VS-NRW 224 weiblich seien. Inwiefern es sich bei diesen Mitgliedern aber um Romanautorinnen, Sachbuchautorinnen, Lyrikerinnen, Übersetzerinnen oder etwa auch Drehbuchautorinnen für Film, Fernsehen oder Rundfunk handelt, lässt sich aus der Mitgliederdatei nicht ermitteln. Geschweige denn, dass sich Angaben über Einkünfte, über Hobby- und Profi-Autorinnen etc. gewinnen ließen. Auch der BBK konnte uns nur mitteilen, dass 880 Frauen und 585 Männer mit Wohnsitz in NRW im Jahr 2013 Mitglieder sind – eine weitere Differenzierung war nicht möglich. Der Deutsche Bühnenverein hat ca. 6.900 Mitglieder in NRW, darunter ca. 2.000 Frauen – ob es sich dabei aber um SchauspielerInnen, DramaturgInnen, BühnenarbeiterInnen, VerwaltungsmitarbeiterInnen oder TechnikerInnen handelt, lässt sich nicht ermitteln. Von daher ließen sich zahlreiche Rechercheergebnisse nicht sinnvoll weiter verwenden.

Eine andere systematische Grenze bildet die Stichprobengröße von ansonsten oft herangezogenen, regelmäßigen demoskopischen und demographischen Erhebungen wie etwa dem Sozioökonomischen Panel (SOEP, vgl. Arbeitsmarkt Kultur, S. 204ff.) oder dem Mikrozensus (vgl. Arbeitsmarkt Kultur). Der Versuch für NRW die Relationen von Frauen und Männern für spezifische Kulturberufe mittels der Mikrozensus-Daten (also immerhin einer 1%-Stichprobe der Wohnbevölkerung) zu ermitteln, lieferte am Ende aufgrund der zu kleinen Zellenbesetzungen (Fallzahlen für die einzelnen Berufe jenseits der Auswertbarkeit) nur die äußerst grobkörnige Angabe, dass der Frauenanteil

---

25 Die Kulturförderung durch das Land NRW wird im Kulturförderbericht (MFKJKS 2012) dokumentiert.

an künstlerischen Berufen von 2001 bis 2009 von 37,3% auf 43,1%[26] (oder von 101.000 auf 130.000 in Kulturberufen erwerbstätige Frauen) angestiegen ist. Es erscheint indessen naheliegend anzunehmen, dass sich die Verhältnisse in NRW nicht grundlegend von denen unterscheiden, die die Mikrozensus-Daten für die gesamte BRD berichten. Auf diese wird daher gelegentlich zurückgegriffen.

Ein generelles Problem der statistischen Erfassung der Personen, die im künstlerischen oder kulturellen Sektor tätig sind, soll hier wenigstens angeschnitten werden: Das Fehlen von belastbaren, validen Daten wird gelegentlich überdeckt durch die Präsentation von umfassenden Datensammelwerken zur Kulturstatistik bzw. zu wirtschaftlichen Eckdaten der Kultur- und Kreativwirtschaft. So verdienstvoll derartige Nachschlagewerke zur Kulturstatistik sein mögen – sie erwecken zumindest beim weniger gründlichen Lesen einen falschen Eindruck. Dass die Statistiken fast ausschließlich auf die abhängig Beschäftigten begrenzt sind und die Selbständigen und freiberuflich Tätigen kaum adäquat erfasst werden, ist zwar immer vermerkt, steht sozusagen im Kleingedruckten – gerät aber beim flüchtigen Lesen leicht in den Hintergrund. So findet sich der Begriff „selbständig/Selbständige" nur ganze 24 mal im Bericht „Arbeitsmarkt Kultur" (2013) – während 287 mal von „erwerbstätig/ Erwerbstätige" gesprochen wird (im Sinne von abhängig Beschäftigten). Die Gründe für diese Einseitigkeit liegen in der vergleichsweise deutlich schwierigeren Zugänglichkeit von Angaben über Selbständige. Auch die hier vorgelegte Studie kann dieses Defizit eher benennen als beseitigen. Immerhin konnten einige einschlägig relevante Daten, etwa die, die das Institut für Freie Berufe, Nürnberg, für den Bundesverband der Freien Berufe, Berlin, regelmäßig zusammenstellt, integriert werden.

Eine Schwierigkeit bildet auch die Tatsache, dass ein sonst oft üblicher Weg der Gewinnung von statistischen Angaben zu Selbständigen über die Umsatzsteuerstatistik für die vorliegende Fragestellung auf zwei Barrieren stößt: Erstens werden in der Umsatzsteuerstatistik nur umsatzsteuerpflichtige Personen, Büros oder Unternehmen erfasst, d.h. solche mit einem Jahresumsatz über 17.500 €. Wobei dieser Betrag gerade von vielen Kunstschaffenden (siehe die KSK-Einkommensdaten auf den folgenden Seiten) gar nicht erreicht wird. Zweitens weist die Umsatzsteuerstatistik keine Angaben zum Geschlecht der Steuerpflichtigen auf:

> „Der Frauenanteil im Kultursektor kann nur für den Markt der abhängig Beschäftigten angegeben werden, da die Daten zu den Selbständigen aus der Umsatzsteuerstatistik erhoben werden und diese keine geschlechtsspezifischen Merkmale erfasst." (Söndermann 2012, S. 15f.)

---

26 Oder – bei Zugrundelegung einer feiner justierten Auswahl an Kulturberufen – von 37,2 % auf 42,2 %. Wobei hier, wie so oft, nicht ausgeschlossen werden kann, dass es sich um einen Effekt statistischer Neugruppierung handelt. (vgl. die ähnliche Argumentation in BMWi 2012, S. 45)

4.2   Ergebnisse

4.2.1   Künstlerinnen

Nach Daten der Künstlersozialkasse (KSK), in der auf Honorarbasis tätige bzw. selbständige Künstler und Publizisten versichert sind, waren im Jahr 2011 – bei Einbezug aller Berufsgruppen – von den insgesamt 2.795 Berufsanfängern 57% weiblich; bei den Versicherten insgesamt (32.467) ist der Frauenanteil mit 46% etwas geringer (vgl. Anhang: Abb. 7.1.4).

Im Hinblick auf die einzelnen Berufssparten dominieren bei den Berufsanfängern in den Bereichen darstellende sowie bildende Kunst und Wort die Frauen mit jeweils knapp 60%, wohingegen die Männer im Bereich Musik mit 52% leicht stärker vertreten sind (vgl. Abb. 4.1).

Bei den Versicherten insgesamt ist der Frauenanteil in allen Bereichen leicht geringer. Im Bereich darstellende Kunst liegt er bei 52%, im Bereich bildende Kunst bei 47% und in der Kategorie „Wort" bei 49%. In der Musik dominieren wieder die Männer mit 64%. (vgl. Abb. 4.1). Insgesamt stellt sich die Geschlechterverteilung hier jedoch annähernd ausgeglichen dar.

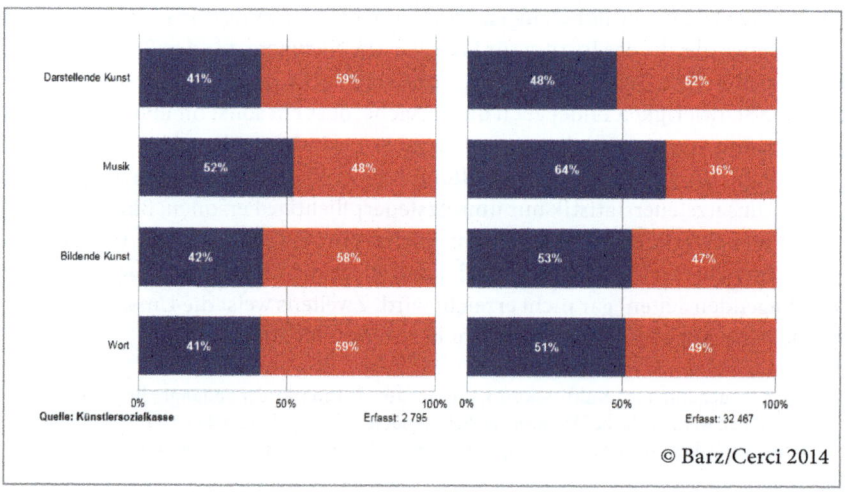

Abb. 4.1   Berufsanfänger und Versicherte der KSK in NRW (2011)

Anders sieht es beim Durchschnittseinkommen (pro Jahr) der in der KSK Versicherten aus, wobei es hier zusätzlich spartenspezifische Unterschiede gibt. Mit Blick auf die Berufsanfänger verdienen Männer im Bereich Musik durchschnittlich 9.453 €, Frauen 8.427 €. Im Bereich darstellende Kunst liegt der Durchschnittsverdienst einer Frau bei 8.870 € (Männer: 12.065 €), im Bereich bildende Kunst bei.10 367 € (Männer: 13.148 €) und in der Kategorie „Wort" bei durchschnittlich 14.067 € (Männer: 17.053 €) (vgl. Anhang: Abb. 7.1.5).

Bei den Versicherten insgesamt, liegt der Verdienst der weiblichen Künstlerinnen ebenfalls in allen Sparten deutlich unter dem ihrer männlichen Kollegen. So liegt im Bereich Musik das Durchschnittseinkommen einer Frau bei 9.779 € (Männer: 13.546 €), im Bereich darstellende Kunst bei 11.316 € (Männer: 18.512 €), im Bereich bildende Kunst bei 11.816 € (Männer: 16.079 €) und in der Kategorie „Wort" bei durchschnittlich 15.808 € (Männer: 21.260 €) (vgl. Abb. 4.2).

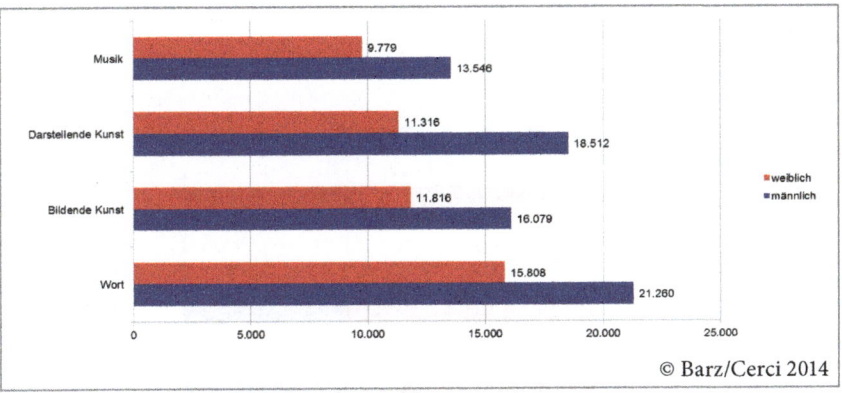

© Barz/Cerci 2014

Abb. 4.2   Durchschnittsjahreseinkommen des Versichertenbestandes in NRW (2011); erfasst: 14 894 Personen

Quelle: Künstlersozialkasse

4.2.2 Tanzensembles

Die uns vom Tanzbüro NRW zur Verfügung gestellten Zahlen zeigen eine leichte Dominanz der Männer – vor allem in den Leitungspositionen. Interessant ist auch die Differenzierung nach Ensembletyp: Während die städtischen Tanzensembles eine recht ausgeglichene Bilanz aufweisen, sind in den selbständigen Ensembles Frauen mit 61% in der Mehrheit.

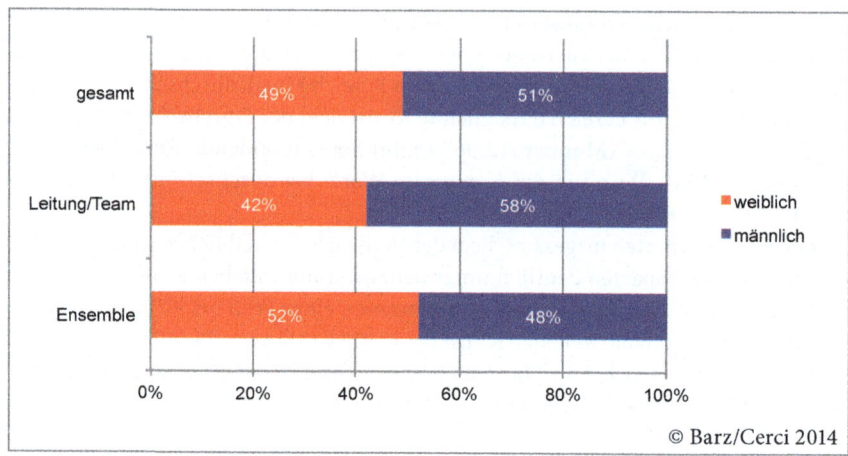

Abb. 4.3   Frauen in Tanzensembles in NRW – Nach Funktionen (2013)
                Erfasst: 305 Personen
Quelle: Tanzbüro NRW

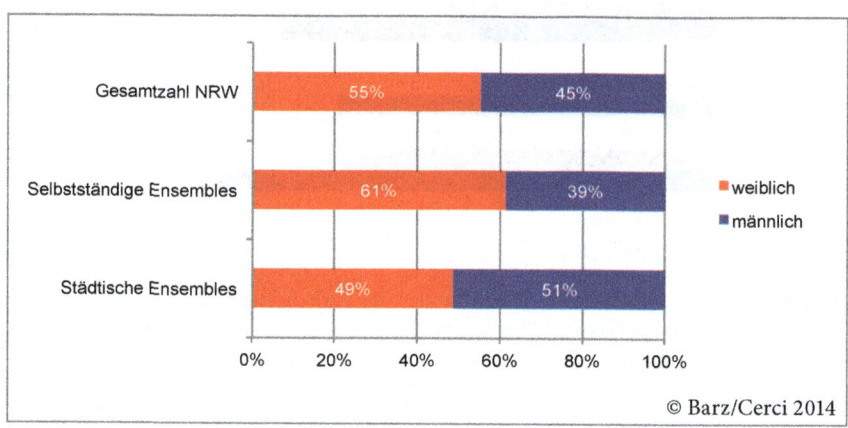

Abb. 4.4   Frauen in Tanzensembles in NRW – Nach Ensembles
                Erfasst: 635 Personen
Quelle: Tanzbüro NRW

4.2.3 Orchester

Dass Frauen grundsätzlich im Kulturbetrieb die zweite Geige spielen, kann zumindest für die von der Deutschen Orchestervereinigung für NRW zur Verfügung gestellten Daten nicht bestätigt werden. Diese zeigen, dass 54% der ersten Violinen in Orchestern in NRW von Frauen gespielt werden, bei der zweiten Violine sind sogar 62% weiblich. Zwar gibt es einige Instrumente, die kaum oder gar nicht von Frauen gespielt werden (Tuba, Pauke, Trompete) – aber insgesamt zeigen die DOV-Zahlen eine recht ausgeglichene Bilanz mit 49% weiblichen Orchestermusikerinnen in NRW. (vgl. die vollständige Instrumentenliste im Anhang: Tab. 7.1.3)

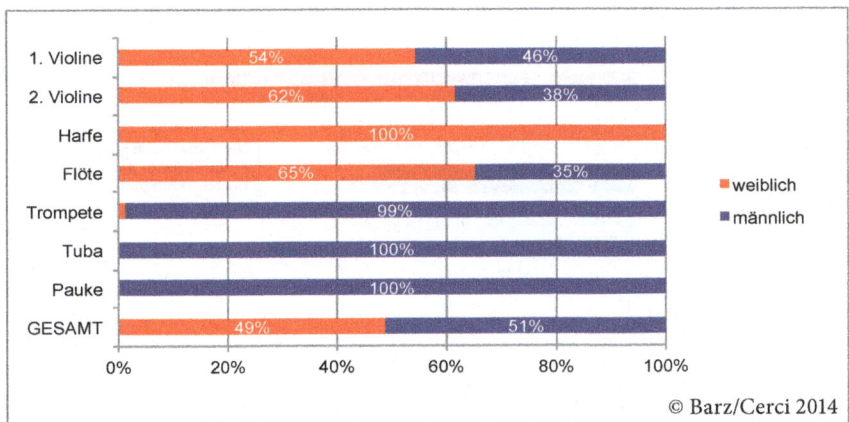

Abb. 4.5   Frauen in Orchestern in NRW in Prozent – ausgewählte Instrumente
                    Erfasst: 685 Personen

Quelle: Deutsche Orchestervereinigung

4.2.4 Kunst am Bau

Der letzte Bericht zu Kunst und Bau für NRW deckt den Zeitraum 1998 bis 2007 ab (vgl. Der Ministerpräsident NRW 2007). Aus ihm geht hervor, dass von den 63 im zehnjährigen Berichtszeitraum beauftragten Projekten 21 von Frauen und eines von einer aus Frauen und Männern bestehenden Künstlergruppe gestaltet wurden. Der Frauenanteil liegt damit für diesen 10-Jahres-Zeitraum bei einem Drittel (33%). Im Jahr 2009 waren es fünf männliche Künstler und drei weibliche, im Jahr 2010 vier männliche und eine weibliche Künstlerin, 2011 schließlich ein männlicher und zwei weibliche Künstlerinnen. Damit ergibt sich für die Jahre 2009 bis 2011 ein Mittelwert von 37,5% – insgesamt also ein leichter Anstieg im Vergleich zum Zeitraum 1998–2007.

4.2.5   Kultureinrichtungen

Bei der Untersuchung von Chancengleichheit von Frauen in Kunst und Kultur haben die vom Land geförderten Kultureinrichtungen einen besonderen Stellenwert. Im Rahmen des Desk Research konnte – vornehmlich durch Internet-Recherche – der Anteil von Frauen in der künstlerischen Leitung ermittelt werden.

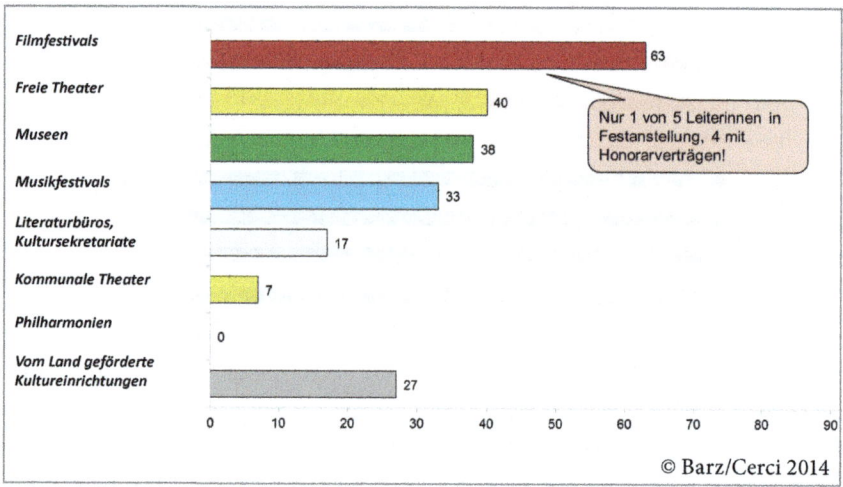

Abb. 4.6   Frauenanteil in der künstlerischen Leitung in %
Quelle: Internet-Recherche

Insgesamt wurden 8 Filmfestivals, 35 freie Theater, 26 Museen, 24 Musikfestivals, 6 Literaturbüros/Kultursekretariate, 28 Kommunale Theater (inkl. Ruhrtriennale und Ruhrfestspiele), 27 Philharmonien sowie 11 sonstige vom Land geförderte Kultureinrichtungen in die Analyse einbezogen. Die Ergebnisse zeigen, dass der Frauenanteil in der künstlerischen Leitung erheblich schwankt. Der Höchstwert ist mit 63% bei den acht vom Land geförderten Filmfestivals zu verzeichnen. Zu beachten ist bei der Interpretation der Ergebnisse, dass von den fünf künstlerischen Leiterinnen von

Filmfestivals nur eine Frau in Festanstellung arbeitet, vier mit Honorarverträgen (vgl. Abb. 4.6). Auch im Jahr 2000 war der Anteil der Frauen bei den Filmfestivals schon auf einem hohen Niveau. Damals wurden drei der insgesamt fünf Festivals von Frauen geführt (60%) (Landesregierung Nordrhein-Westfalen 2001: 8).

Bei den kommunalen Theatern lag im Jahr 2000 der Frauenanteil in der Intendanz bei 15%, während der Anteil aktuell (2013) lediglich 7% beträgt, d.h. hier sogar ein Rückgang vorliegt. Deutlich besser sieht die Situation bei denen vom Land geförderten freien Theatern aus: Hier liegt der Frauenanteil in der Intendanz bei 40%. Im Vergleich zum Jahr 2000 ist der Anteil der Frauen auf einem ähnlichen Niveau geblieben (2000: 39%) (Landesregierung Nordrhein-Westfalen 2001: 13).

Bei den Philharmonien liegt der Frauenanteil im Bereich der Intendanz/Generalmusikdirektion bei 0%, obwohl im Jahr 2000 der Anteil bei 12% lag, d.h. auch hier ist ein deutlicher Rückgang zu verzeichnen.

Kunstsammlung NRW

Die Kunstsammlung NRW setzt sich aus den Ausstellungsorten K20 (Grabbeplatz), K21 (Ständehaus) und dem Schmela-Haus zusammen und ist eine Landessammlung von Kunstwerken – hauptsächlich der klassischen Moderne.

Im Zeitraum von 2009 bis 2011 wurden insgesamt 38 Werke von der Kunstsammlung NRW erworben, darunter 12 (32%) von Frauen (vgl. Abb. 4.7)[27]. Im Vergleich zur Erhebung im Jahr 2000 ist der Frauenanteil bei den Erwerbungen gestiegen. Damals war unter den fünf Ankäufen lediglich ein Werk von einer Frau (20%) zu finden (Landesregierung Nordrhein-Westfalen 2001: 4).

---

27 Sicher wäre es ebenfalls aussagekräftig, neben der absoluten Zahl der Kunstwerke, die von Künstlerinnen angekauft wurden, auch die Ankaufsummen in Euro zu vergleichen. Der Kunstmarkt stellt derartige Daten allerdings nur im Ausnahmefall zur Verfügung.

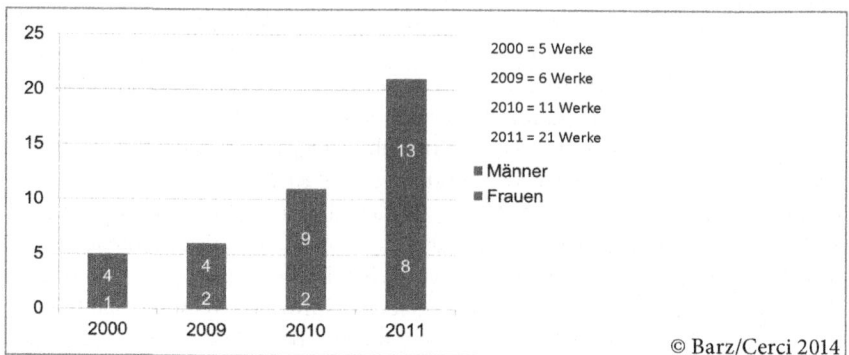

Abb. 4.7   Erwerbungen der Kunstsammlung NRW 2000-2011

Quelle: Kunstsammlung NRW, Bericht der Landesregierung an den Kulturausschuss des
          Landtages Nordrhein-Westfalen 2001

Im Zeitraum von 2009 bis 2011 wurden insgesamt 16 Künstlerinnen und Künstler
in Einzelausstellungen in der Kunstsammlung NRW gezeigt, darunter fünf Frauen
(31%). Damit liegt der Frauenanteil bei den Einzelausstellungen der Kunstsammlung NRW deutlich höher als der Durchschnitt der vom Land geförderten Museen
(zum Vergleich: Der Frauenanteil der Einzelausstellungen bei denen vom Land
geförderten Museen lag in den Jahren 2009 bis 2011 im Durchschnitt bei 22%).

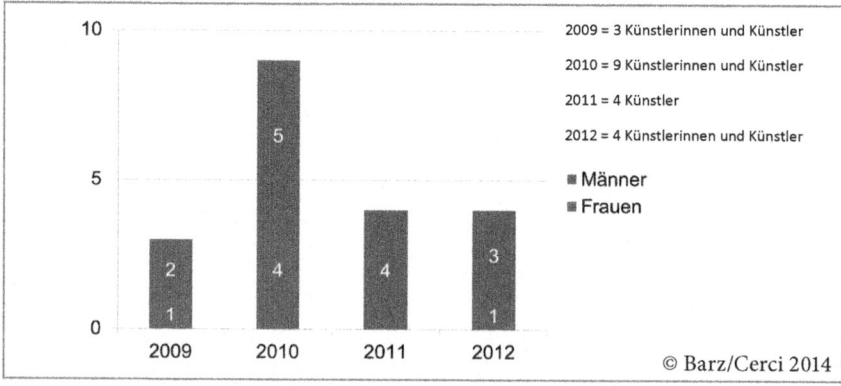

Abb. 4.8   Einzelausstellungen der Kunstsammlung NRW 2000-2011
          in absoluten Zahlen

Quelle: http://www.kunstsammlung.de/, Abruf am 29.08.2013

Im Referenzzeitraum von 2009 bis 2011 wurden insgesamt 108 Künstlerinnen und
Künstler in Gruppenausstellungen in der Kunstsammlung NRW gezeigt, darunter
46 Frauen (43%). Damit liegt der Frauenanteil auch bei den Gruppenausstellungen
der Kunstsammlung NRW erheblich höher als der Durchschnitt der vom Land
geförderten Museen (zum Vergleich: Der Frauenanteil der Gruppenausstellungen
bei den vom Land geförderten Museen lag in den Jahren 2009 bis 2011 im Durchschnitt bei 32%). Bei der Erhebung im Jahr 2000 wurden 108 Künstlerinnen und
Künstler mit Ausstellungen in der Kunstsammlung NRW gezählt (Landesregierung Nordrhein-Westfalen 2001: 4). Der Frauenanteil lag damals bei 34%. Im Jahr
2011 lag ein deutlicher Schwerpunkt der Ausstellungen auf Künstlerinnen. Hier
erreichte der Frauenanteil einen Höchstwert von 59% (Anteil der Künstlerinnen an
Gruppenausstellungen). Obwohl erhebliche Schwankungen bei einzelnen Jahren
zu erkennen sind, hat sich der Frauenanteil bei Gruppenausstellungen der Kunstsammlung NRW im Zeitraum 2000 bis 2012 nur leicht von 34% im Jahr 2000 auf
38% im Jahr 2012 gesteigert.

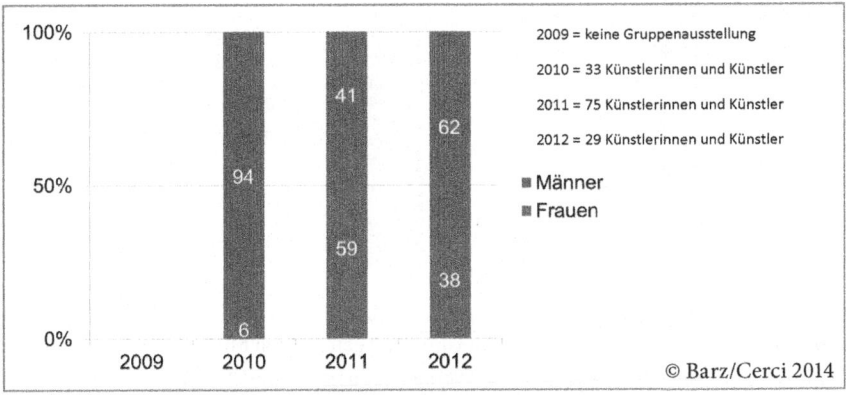

Abb. 4.9   Gruppenausstellungen der Kunstsammlung NRW 2000-2011
Quelle: http://www.kunstsammlung.de/, Abruf August 2013

Museen

In die Analyse einbezogen wurden Ausstellungen zu Werken aus dem 20. und 21.
Jahrhundert der vom Land geförderten Museen. Bei den für die Künstlerinnen und
Künstler prestigeträchtigen Einzelausstellungen lag der Frauenanteil im Durschnitt
in den Jahren 2009 bis 2011 bei 22%.

Im Frauenkulturbericht der Landesregierung (2001) wurden die vom Land
geförderten Ausstellungen in kommunalen Einrichtungen betrachtet. Insgesamt
wurden 6 Einzelausstellungen im Jahr 2000 gefördert, darunter keine einer Künstlerin (Landesregierung Nordrhein-Westfalen 2001: 4). Aufgrund der unterschiedlichen Datenbasis lassen sich die Ergebnisse nicht 1:1 vergleichen, dennoch ist ein
deutlicher Zuwachs der Künstlerinnen bei Einzelausstellungen in der Zeit von
2000 bis 2011 zu verzeichnen.

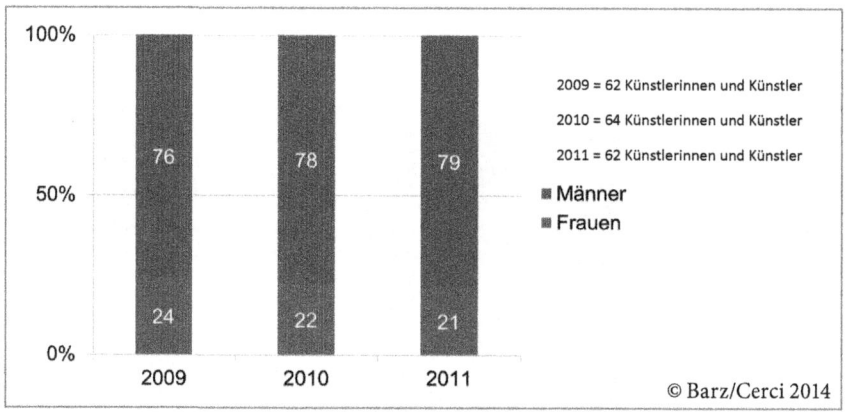

Abb. 4.10   Einzelausstellungen* im vom Land geförderten Museen in %
* Einzel- und Sonderausstellungen mit Werken aus dem 20. und 21. Jahrhundert
Quelle: Internet-Recherche, 02-08 2013

Während der Frauenanteil bei Einzelausstellungen bei nur 22% liegt, ist ihr Anteil
bei Gruppenausstellungen deutlich höher. In den Jahren 2009 bis 2011 wurden
insgesamt 1.144 Künstlerinnen und Künstler in Gruppenausstellungen gezeigt,
davon 32% Frauen.

Im Frauenkulturbericht der Landesregierung (2001) wurden für das Jahr 2000
546 Künstler und Künstlerinnen in Gruppenausstellungen der kommunalen
Museen gezählt, darunter 20% Frauen (Landesregierung Nordrhein-Westfalen

2001: 4). Ähnlich der Entwicklung bei den Einzelausstellungen ist auch bei den Gruppenausstellungen eine deutliche Steigerung des Frauenanteils im Zeitraum 2000 bis 2011 zu erkennen.

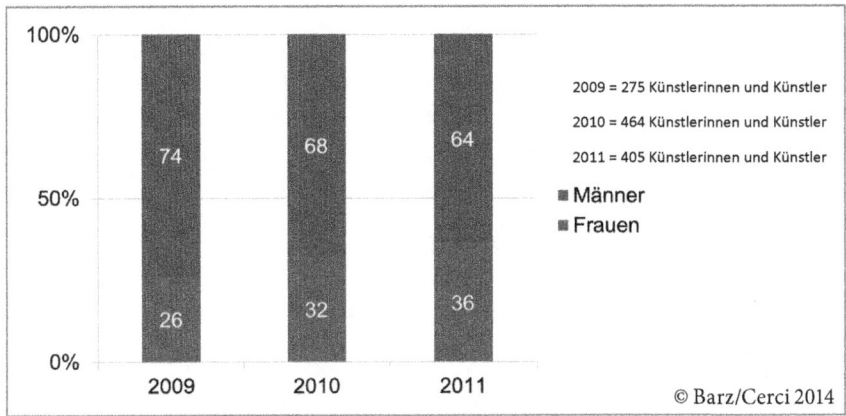

Abb. 4.11   Gruppenausstellungen* im vom Land geförderten Museen in %
* Einzel- und Sonderausstellungen mit Werken aus dem 20. und 21. Jahrhundert
Quelle: Internet-Recherche 02-08 2013,

Filmfestivals

Für die Filmfestivals wurden exemplarisch die Internationalen Kurzfilmtage Oberhausen, die Duisburger Filmwoche und das Internationale Frauenfilmfestival betrachtet. Laut Online-Archiv der Internationalen Kurzfilmtage wurden im Zeitraum 2009 bis 2011 insgesamt 24 Preisträgerinnen und Preisträger gekürt, wobei das Geschlechterverhältnis bei einem Frauenanteil von 46% nahezu ausgewogen war.

Bei der Duisburger Filmwoche wurden im gleichen Zeitraum 19 Regisseurinnen und Regisseure prämiert, davon 42% Frauen.

Betrachtet man die beiden Festivals zusammen, so liegt der Frauenanteil bei 44%. Im Jahr 2000 lag der Frauenanteil der Preisträgerinnen beider Festivals mit 46% auf einem ähnlichen Niveau (Landesregierung Nordrhein-Westfalen 2001: 7).

Laut Online-Archiv des Internationalen Frauenfilmfestivals Dortmund/Köln wurden in den Jahren 2009 bis 2011 insgesamt 13 Preisträgerinnen gekürt (vgl. Anhang 8.1.2).

Mit Blick auf die Jurymitglieder wurden für das Internationale Frauenfilmfestival exemplarisch nur die Jurymitglieder für die Internationalen Wettbewerbe in die Analyse einbezogen. Hier lag der Frauenanteil erwartungsgemäß in allen Jahren bei 100%.

Betrachtet man die Internationalen Kurzfilmtage Oberhausen und die Duisburger Filmwoche zusammen, so liegt der Frauenanteil bei den Jurymitgliedern im Zeitraum von 2009 bis 2011 bei 51%. Im Jahr 2000 lag der Frauenanteil der Jurymitglieder der beiden Festivals zusammen mit 49% auf einem vergleichbaren Niveau (Landesregierung Nordrhein-Westfalen 2001: 7).

4.2.6   Künstlerinnenförderung

Erwerb von Kunstwerken durch das Land NRW

Im Zeitraum von 2009 bis 2011 wurden insgesamt 46 Werke vom Land NRW angekauft (Ankaufsförderung Museum und Ankäufe für Landeseigentum/Kunstsammlung). 37% der Werke stammen von Künstlerinnen. Betrachtet man nur die Teilgruppe der Ankäufe von Museen, die vom Land gefördert werden (32 Werke), so liegt der Anteil der geförderten Künstlerinnen bei einem etwas geringeren Anteil (28%).

Der Zeitvergleich zeigt, dass eine deutliche Steigerung im Frauenanteil der vom Land geförderten Museumskäufe zu verzeichnen ist. Im Jahr 2000 wurden insgesamt 12 Museumskäufe vom Land NRW gefördert, darunter war kein Werk einer Künstlerin zu finden (Landesregierung Nordrhein-Westfalen 2001: 4).

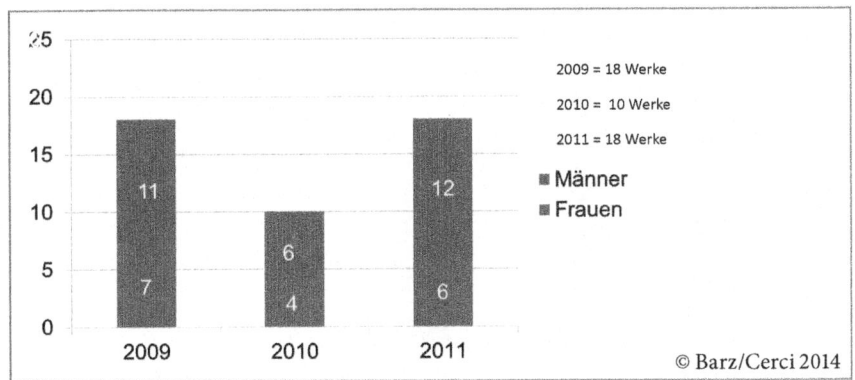

Abb. 4.12   Erwerb von Kunstwerken durch das Land NRW*
                  Absolute Zahlen

* Ankaufsförderung Museum und Ankäufe für Landeseigentum/Kunstsammlung

Quelle: Ministerium für Familie, Kinder, Jugend Kultur und Sport des Landes Nord-
         rhein-Westfalen, E-Mail vom 26.08.2013

Förderpreis für junge Künstlerinnen und Künstler

Mit dem Förderpreis für junge Künstlerinnen und Künstler werden Künstlerinnen
und Künstler mit überdurchschnittlichen Begabungen vom Land NRW prämiert,
die für die Zukunft bedeutsame Leistungen erwarten lassen. Die Künstlerinnen
und Künstler werden in 14 Einzelpreisen ausgezeichnet und zwar in den Sparten
Architektur, bildende Kunst, Medienkunst, Musik, Theater/Oper/Tanz und Literatur.

Im Zeitraum von 2009 bis 2011 wurden insgesamt 47 junge Künstlerinnen und
Künstler individuell gefördert, darunter 49% Frauen. Der Frauenanteil schwankt
im genannten Zeitraum spartenspezifisch erheblich von nur 25% Künstlerinnenförderung bei Musik und 30% bei Architektur bis zu jeweils 67% bei Theater/Oper
und Medienkunst sowie bis zu 83% bei Film.

Der Zeitvergleich zeigt, dass im Laufe von 10 Jahren der Anteil der geförderten
Künstlerinnen um 6% gesteigert werden konnte (43% in den Jahren 1999 bis 2001,
Landesregierung Nordrhein-Westfalen 2001: 17).

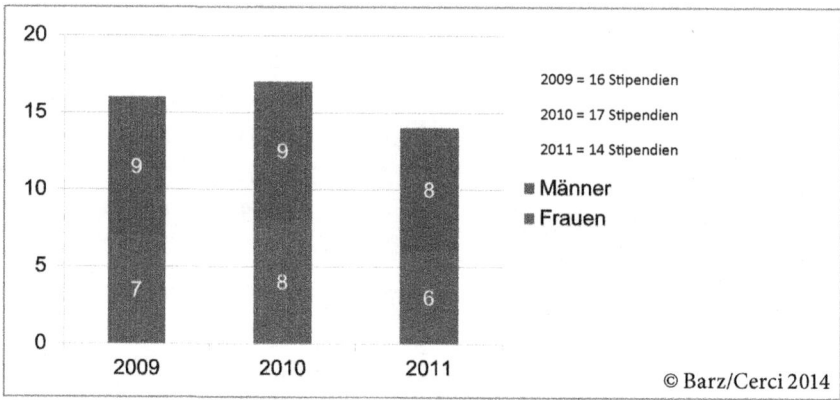

Abb. 4.13   Individuelle Förderung – Förderpreis für junge Künstlerinnen und
Künstler 2009 – 2011
absolute Zahlen

Quelle: Ministerium für Familie, Kinder, Jugend Kultur und Sport des Landes Nordrhein-Westfalen, E-Mail vom 26.08.2013

Preise und Stipendien der Kunststiftung NRW

Die Kunststiftung NRW vergibt im Rahmen ihres Förderprogramms Stipendien
für den besonders begabten Nachwuchs aus Nordrhein-Westfalen in den Bereichen
Tanz und Choreographie. Im Zeitraum 2009 bis 2011 wurden fünf Künstlerinnen
gefördert (kein Mann).

Der Übersetzerpreis der Kunststiftung NRW wird in Kooperation mit dem
Europäischen Übersetzer-Kollegium jährlich vergeben. Mit dem Preis sollen herausragende Leistungen auf dem Gebiet der literarischen Übersetzung – aus der
deutschen in eine andere oder aus einer anderen in die deutsche Sprache – gewür-
digt werden. 2009 wurde der Preis an einen Übersetzer, 2010 und 2011 jeweils an
eine Übersetzerin vergeben.

Der Nam June Paik Award – Internationaler Medienkunstpreis der Kunststiftung
NRW wird alle 2 Jahre vergeben. Mit dem Hauptpreis wurden 2010 eine Frau und
ein Mann ausgezeichnet.

Der Mauricio Kagel Musikpreis der Kunststiftung NRW wird für herausragende
Leistungen im Bereich der Musik und der performativen Künste vergeben. Im Jahr
2011 erhielt ein Komponist die Auszeichnung.

Film- und Medienstiftung NRW

Mit der Drehbuchförderung bietet die Film- und Medienstiftung NRW Autoren Förderung für die Ausarbeitung eines fertigen Drehbuchs an. Von dieser Unterstützung profitierten in den Jahren 2009 bis 2011 15 Autorinnen (25% Frauenanteil an der Gesamtförderung).

Das Förderinstrument Stoffentwicklung kann für die dramaturgische Weiterentwicklung eines vorliegenden Drehbuchs, für die inhaltliche Überarbeitung sowie für zusätzliche Recherchearbeiten und die Suche nach einem geeigneten Regisseur eingesetzt werden. Im Analysezeitraum lag der Anteil der geförderten Künstlerinnen bei lediglich 23%.

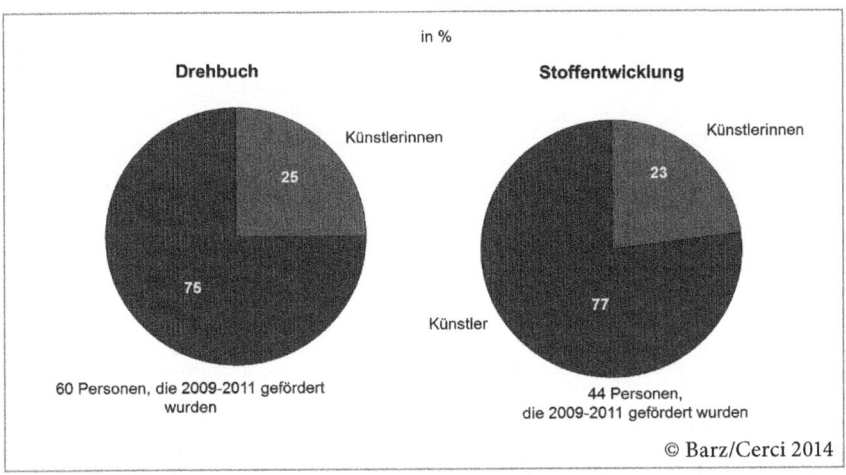

Abb. 4.14   Drehbuch und Stoffentwicklungsförderung der Film- und Medienstiftung NRW 2009–2011

Quelle: Film- und Medienstiftung NRW, Jahresberichte 2009 – 2011 www.filmstiftung.de/publikationen/jahres-taetigkeitsbericht/, Abruf 15.08.2013

Mit der Produktionsförderung bietet die Film- und Medienstiftung NRW RegisseurInnen und AutorInnen Förderung für die Produktion von deutschen und internationalen Kino- und Fernsehfilmen an. Von dieser Unterstützung profitierten in den Jahren 2009 bis 2011 insgesamt 115 Regisseurinnen, 32% Frauenanteil an der Gesamtförderung (vgl. Anhang 8.1.3).

Gefördert werden können mittels der Produktionsförderung deutsche und internationale Kinofilme, die einen wirtschaftlichen Erfolg auch an der Kinokasse erwarten lassen und Fernsehfilme, die einen hohen Qualitätsanspruch erfüllen, die als internationale Koproduktionen entstehen und die im besonderen Interesse Nordrhein-Westfalens liegen.

In der Kategorie „P1 Kinofilme" waren 25% der im Analysezeitraum geförderten Regisseure Frauen, in der Kategorie „P1 TV-Filme" waren es nur 16%. In der Kategorie „P2 Low-Budget-Förderung" lag der Frauenanteil in den Jahren 2009 bis 2011 bei 37% und in der Kategorie „Nachwuchsförderung" bei 46%.

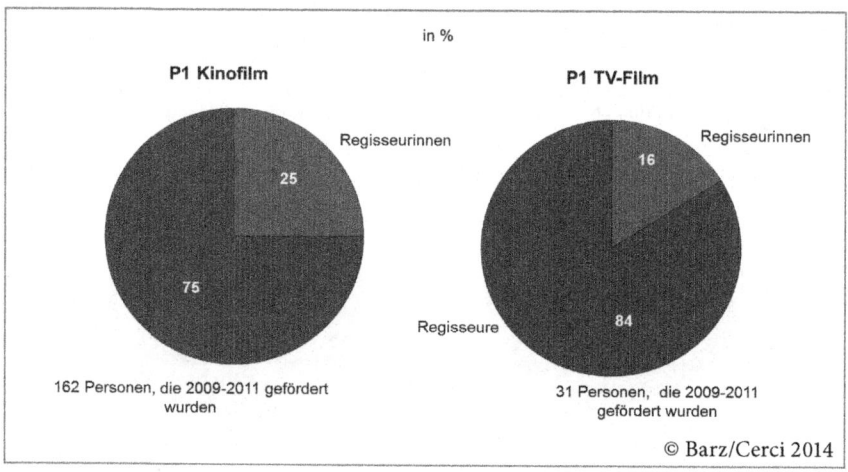

Abb. 4.15   An Produktionsförderung der Film- und Medienstiftung NRW 2009-2011 beteiligte Regisseurinnen

Quelle: Film- und Medienstiftung NRW, Jahresberichte 2009 – 2011
www.filmstiftung.de/publikationen/jahres-taetigkeitsbericht/, Abruf 15.08.2013

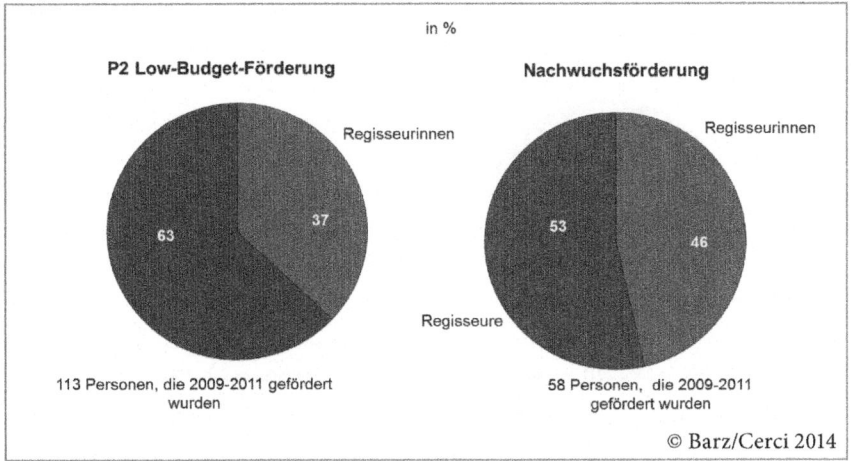

Abb. 4.16   An Produktionsförderung der Film- und Medienstiftung NRW 2009–2011 beteiligte Regisseurinnen

Quelle: Film- und Medienstiftung NRW, Jahresberichte 2009 – 2011
www.filmstiftung.de/publikationen/jahres-taetigkeitsbericht/, Abruf 15.08.2013

In der Kategorie „P1 Kinofilme" waren 30% der im Analysezeitraum geförderten AutorInnen Frauen, in der Kategorie „P1 TV-Filme" waren es nur 12%. In der Kategorie „Nachwuchsförderung" lag der Frauenanteil im AutorInnenbereich bei immerhin 43%.

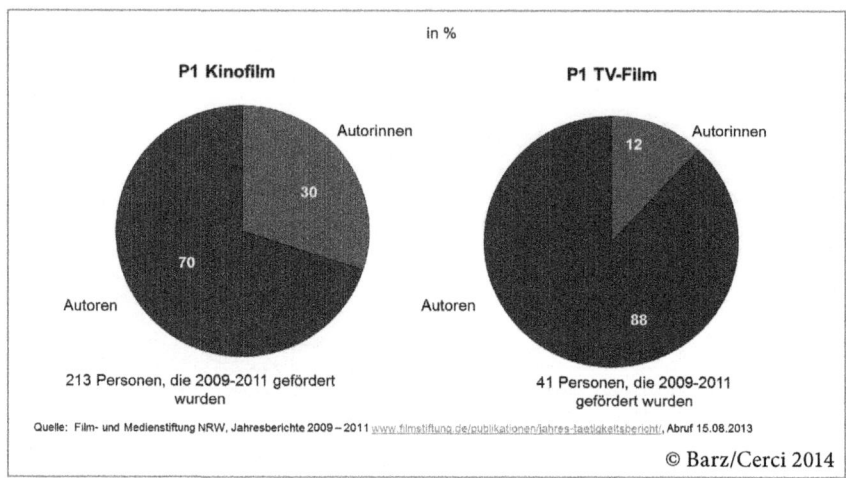

Abb. 4.17   An Produktionsförderung der Film- und Medienstiftung NRW 2009–
2011 beteiligte Autorinnen

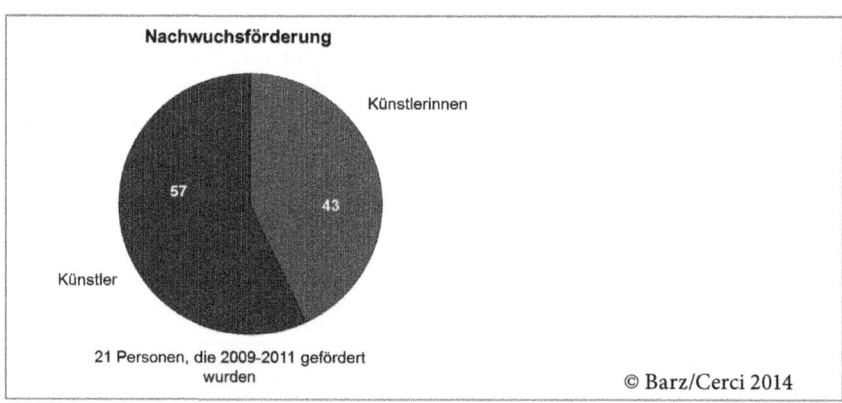

Abb. 4.18   An Produktionsförderung der Film- und Medienstiftung NRW 2009-2011
beteiligte Autorinnen

Quelle: Film- und Medienstiftung NRW, Jahresberichte 2009–2011
www.filmstiftung.de/publikationen/jahres-taetigkeitsbericht/, Abruf 15.08.2013

Auch zum Geschlecht der Produzentinnen und Produzenten von Filmen, die in den Jahren 2009-2011 gefördert wurden, konnten Daten recherchiert werden. Man könnte das Rechercheergebnis so zusammenfassen, dass es stärkere Schwankungen in den drei betrachteten Jahren gibt, ohne dass diese eine eindeutige Tendenz verraten. Und dass grob ein Viertel der Filme von geschlechtergemischten Teams produziert wird, ein weiteres Viertel von Frauen und nach wie vor etwas mehr als die Hälfte allein von männlichen Produzenten. Wobei sich für die einzelnen Teilbereiche der Filmförderung nochmals Unterschiede ergeben. Einzelne Angaben waren nicht zu eruieren, was in der Regel daran lag, dass die Filme eingestellt worden sind oder – seltener –, dass die Filme noch nicht veröffentlicht waren und die Produzenten deshalb nirgendwo aufgeführt waren. (vgl. Tab. 9.8 im Anhang) Von der Film- und Medienstiftung NRW wird jährlich das Gerd-Ruge-Stipendium vergeben. Die Förderung ermöglicht Dokumentarfilmern die Entwicklung ihrer Kinoprojekte. Unter Vorsitz des Journalisten Gerd Ruge entscheidet eine Fachjury über die eingereichten Anträge. 2009 wurden zwei Frauen (33%) gefördert, 2010 drei Frauen (50%) und 2011 keine Frau.

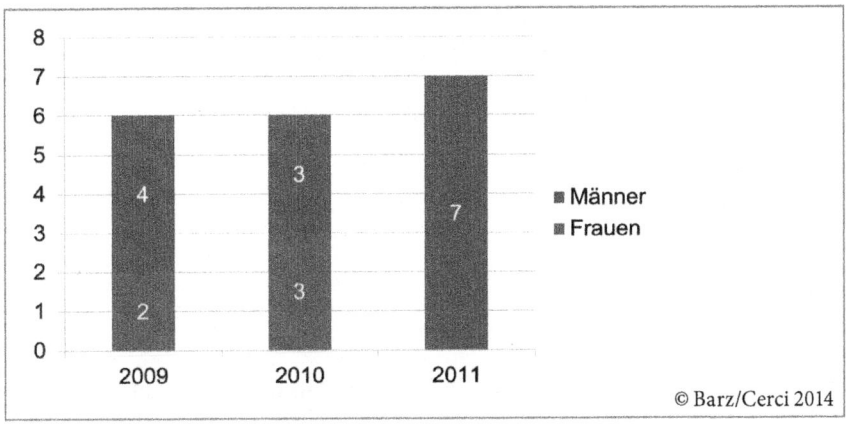

© Barz/Cerci 2014

Abb. 4.19   Gert-Ruge-Stipendium

Quelle: Film- und Medienstiftung NRW, Jahresberichte 2009–2011 www.filmstiftung.de/
          publikationen/jahres-taetigkeitsbericht/, Abruf 15.08.2013

Der Künstlerinnenpreis Nordrhein-Westfalen

Der Künstlerinnenpreis wird vom Land NRW an zwei Künstlerinnen einer jeweils anderen Kunstsparte vergeben. Er besteht zum einen aus einem Hauptpreis für das Gesamtwerk einer Künstlerin, zum anderen aus einem Förderpreis.

Prämiert wurden 2009 zwei Künstlerinnen in der Sparte „Malerische Positionen", 2010 in der Sparte „Baukunst: Architektur, Städtebau und Landschaftsplanung" und 2011 in der Sparte Performancekunst.

Mit der Organisation und Durchführung des Preises ist das Frauenkulturbüro NRW e.V. beauftragt. Mit den individuellen Auslandsstipendien bietet das Land NRW vor allem jüngeren Künstlerinnen und Künstlern die Möglichkeit, sich durch einen Auslandsaufenthalt künstlerisch weiterzuentwickeln. Im Zeitraum 2009 bis 2011 lag der Frauenanteil der Stipendiaten bei 58%.

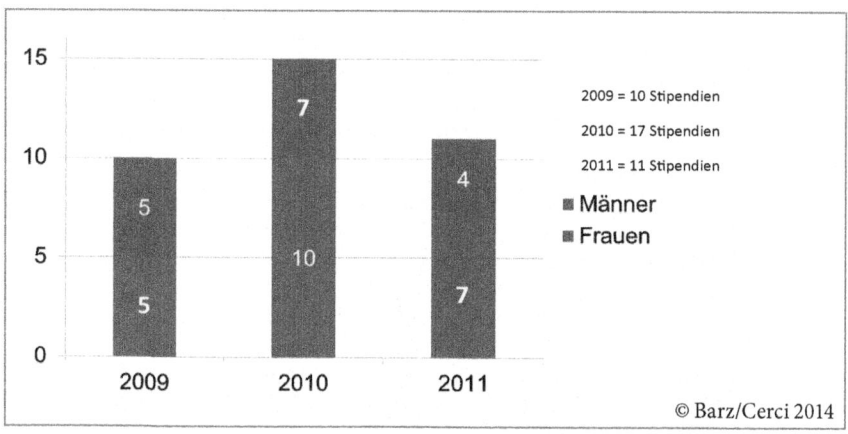

Abb. 4.20   Individuelle Auslandsstipendien
                  absolute Zahlen

Quelle: Ministerium für Familie, Kinder, Jugend Kultur und Sport des Landes Nordrhein-Westfalen, E-Mail vom 26.08.2013

Arbeitsstipendien des Landes NRW

Die vom Land geförderten Arbeitsstipendien verteilen sich auf das Künstlerdorf Schöppingen, Schloss Ringenberg, Hartware MedienKunstVerein, Frauenkulturbüro und die Orchesterakademie. Mit Ausnahme des zweijährig vergebenen Stipendiums des Frauenkulturbüros werden alle Stipendien jährlich vergeben.

Im Jahr 2009 waren unter den Stipendiaten der Arbeitsstipendien 52 Frauen und 27 Männer, was einem Frauenanteil von 66% entspricht. Im Künstlerdorf Schöppingen waren insgesamt 42 weiblich (64%), im Schloss Ringenberg zwei (50%) und bei der Orchesterakademie sieben (88%). Das Stipendium des Hartware MedienKunstVereins wurde an eine Frau vergeben. Das Frauenkulturbüro hat durch die zweijährige Vergabe im Jahr 2009 kein Stipendium vergeben.

Für 2010 betrug der Anteil der Frauen an den Stipendiaten 65%, also etwas weniger als im Jahr zuvor. 42 der 65 Stipendien gingen demnach an Frauen. Im Künstlerdorf Schöppingen wurden 29 Frauen (62%), im Schloss Ringenberg eine Frau (25%) und in der Orchesterakademie sechs Frauen (75%) gefördert. Der Hartware MedienKunstVerein hat einer Medienkünstlerin ein Stipendium gewährt und das Frauenkulturbüro fünf bildenden Künstlerinnen mit Kindern.

Im Jahr 2011 war der weibliche Anteil mit 56% etwas geringer als 2010. 40 der 71 Stipendien gingen an Künstlerinnen. Im Künstlerdorf Schöppingen wurden 32 Frauen gefördert (54%), im Schloss Ringenberg zwei (50%) und in der Orchesterakademie 5 (84%). Der Hartware MedienKunstVerein hat eine Medienkünstlerin gefördert, das Frauenkulturbüro hat 2011 keine Stipendien vergeben.

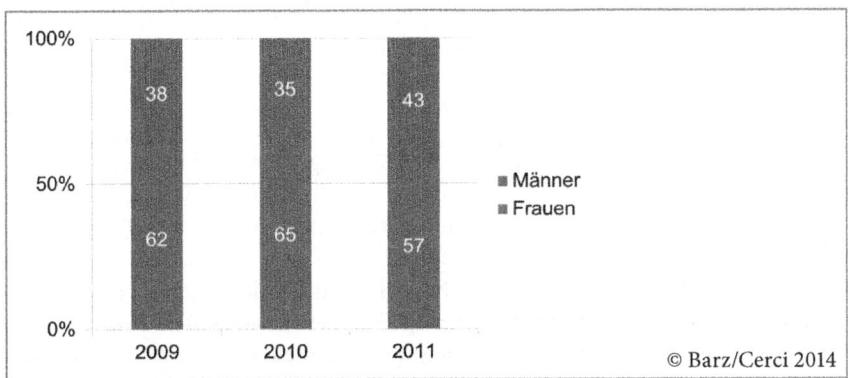

© Barz/Cerci 2014

Abb. 4.21   Arbeitsstipendien der Landes NRW *

* Erfasst sind die Stipendien der folgenden Einrichtungen: Künstlerdorf Schöppingen, Schloss Ringenberg, Hartware MedienKunstVerein, Frauenkulturbüro, Orchesterakademie

Quelle: MFKJKS, Künstlerdorf Schöppingen, Schloss Ringenberg, Hartware MedienKunst-Verein, Frauenkulturbüro, Orchesterakademie

Weitere Preise und Stipendien

Der Ehrensold dient der Unterstützung von unverschuldet in finanzielle Nöte geratenen Künstlerinnen und Künstlern. Unter den 18 unterstützen Künstlerinnen und Künstlern im Jahr 2009 waren 12 Frauen, 2010 entfielen 12 von 21 und 2010 13 von 23 Förderungen auf Frauen. Insgesamt wurden im Bezugszeitraum 60% Künstlerinnen unterstützt.

Mit dem Kinderbuchpreis wurden 2009 zwei Autoren (Text und Illustration) für ihr Werk ausgezeichnet, 2010 ein Autor und 2011 ein Autor (Text) und eine Autorin (Illustration). Der Preis wird für besonders qualitätsvolle Bücher vergeben, die sich an Kinder im Erstlesealter richten.

Der alle zwei Jahre vergebene Staatspreis für das deutsche Kunsthandwerk wurde im Jahr 2009 an acht Männer und eine Frau vergeben. Im Jahr 2011 waren fünf Frauen unter den acht Preisträgerinnen und Preisträgern. Im Zeitvergleich fällt eine deutliche Entwicklung beim Staatspreis für das Kunsthandwerk auf. Während im Jahr 1993 nur Männer den Preis erhielten, lag der Frauenanteil 1999 bei 22% (Landesregierung Nordrhein-Westfalen 2001: 17), im Jahr 2011 sogar bei 63%.

Der Mülheimer Dramatikerpreis wird jährlich im Rahmen der Mülheimer Theatertage „Stücke" vergeben. Prämiert werden die Stücke selbst, nicht deren Inszenierung. 2009 und 2011 wurde jeweils eine Frau prämiert, 2010 ein Mann.

4.2.7 Kulturverwaltung

In der Kulturverwaltung der 39 Städte im Städtetag NRW sind Frauen kaum vertreten. Nur 18% der Kulturdezernate werden aktuell (2013) von weiblichen Kräften geleitet, womit die Steigerung zum Referenzzeitraum von 1993 bis 2003 (12%) nur gering ausfällt.

30 der 39 Städte, die im Städtetag Nordrhein-Westfalen Mitglied sind, haben Männer als Kulturdezernenten (bzw. in vergleichbaren Positionen als Beigeordneter, Bürgermeister etc.). In sieben Städten weist die offizielle städtische Website weiblich besetzte Kulturdezernate (bzw. vergleichbare Positionen) aus und zwei Dezernate (Aachen, Gladbeck) sind im August 2013 vakant.

In der Kulturabteilung der Landesregierung fällt der Frauenanteil mit 68% wiederum sehr hoch aus und hat im Vergleich zu den Jahren 1995 bis 2000 – durchschnittlicher Frauenanteil in den Referatsleitungen der Ministerien für Kultur der Länder der BRD: 26% – enorm zugenommen. Das MFKJKS.NRW weist 25 weibliche und 12 männliche Mitarbeiter in der Abteilung 4 „Kultur" aus und auf der Leitungsebene (ab Referatsleitung) ergibt sich eine Konstellation von sieben Frauen und sechs Männern.

4.2.8 Musik- und Kunsthochschulen

An den Kunst- und Musikhochschulen in Nordrhein-Westfalen[28] fallen die Frauenanteile je nach betrachteter Ebene unterschiedlich aus. 2011 sind die Frauen unter den insgesamt 5.360 Studierenden mit 53% ähnlich stark vertreten wie die Männer und bei den 925 Absolventen machen sie mit 57% sogar den Großteil aus. Bei den Lehrenden sieht das Geschlechterverhältnis jedoch anders aus. So sind es 2011 bei den insgesamt 1.174 nebenberuflich tätigen, befristet angestellten Dozenten, nur 37% Frauen. Ähnlich bei den 106 hauptberuflich und unbefristet angestellten Lehrenden: hier beträgt der Frauenanteil 39%. Auf der Leitungsebene hingegen sind es nur noch 12% Frauen, die Positionen als Dekane (insgesamt 18), Prorektoren (16) oder Rektoren (7) innehaben (vgl. Abb. 4.22).

An den Professorenstellen haben Frauen an den (nach §1, Abs.2 Kunsthochschulgesetz NRW) in die Analyse einbezogenen sieben Kunst- und Musikhochschulen des Landes NRW einen nur geringen Anteil zwischen 18 und 30% (vgl. Anhang 8.1.5).

Die einzelnen Hochschulen bilden weitgehend ähnliche Verhältnisse ab. Dennoch gibt es einige Auffälligkeiten. Erwähnenswert sind hier beispielsweise ein überdurchschnittlich hoher Frauenanteil unter den Studierenden und den Absolventen an der Kunstakademie Münster (68% und 66%) sowie ein ebenfalls hoher Anteil weiblicher Absolventen an der Hochschule für Musik Detmold (67%) (vgl. Anhang 8.1.5). Zudem ist der Frauenanteil mit nur 27% bei den nebenberuflich Tätigen an der Robert-Schumann-Hochschule Düsseldorf verhältnismäßig gering, genauso wie der weibliche Anteil an den hauptberuflich Tätigen an der Kunstakademie Münster und der Folkwang-Hochschule Essen (27% und 31%) (vgl. Anhang 8.1.5).

---

28 In die hier vorgestellte Analyse einbezogen wurden die in §1, Abs. 2 des KunstHG genannten Hochschulen, nämlich die Robert-Schumann-Hochschule Düsseldorf, die Kunstakademie Düsseldorf sowie die Kunstakademie Münster, die Kunsthochschule für Medien Köln, die Hochschule für Musik Köln, die Hochschule für Musik Detmold und die Folkwang-Hochschule Essen. An späterer Stelle werden für die Berechnung der Frauenanteile in den verschiedenen Studiengängen alle Hochschulen einbezogen, die einschlägig für den Kunst- und Kulturbereich relevante Studiengänge anbieten.

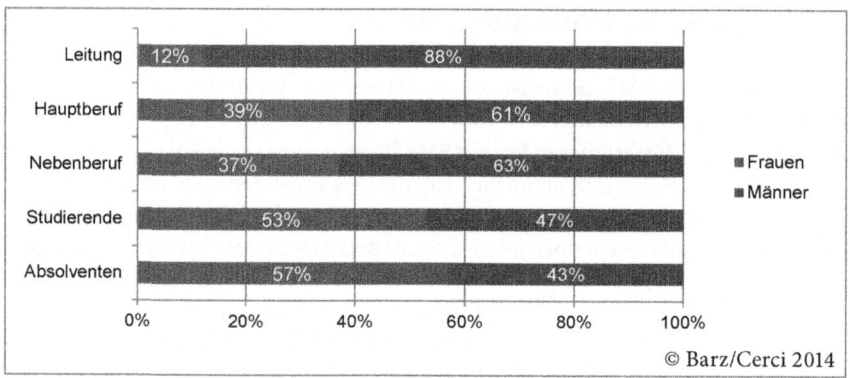

© Barz/Cerci 2014

Abb. 4.22   Studierende und Lehrende an Kunst- und Musikhochschulen des Landes
NRW (7 Hochschulen nach KunstHG, §1, Abs. 2)

Quelle: IT.NRW und eigene Internetrecherche zur Leitungsebene (04/2013)

Erfasst: 7.606 Personen (7 Rektoren, 16 Prorektoren, 18 Dekane, 106 hauptberufl. Lehrende,
1.174 nebenberufl. Lehrende, 925 Absolventen, 5.360 Studierende)

Die Frauenanteile in den verschiedenen Studiengängen mit Bezug zu Kunst und
Kultur wurden zusätzlich für alle in NRW ansässigen Hochschulen – also z.b. unter
Einbeziehung der Fachhochschulen und der privaten Hochschulen – ermittelt (vgl.
Anhang 8.1.5). Das Ergebnis bestätigt die Auswertungen im Bericht „Arbeitsmarkt
Kultur" (2013), insofern sich sehr starke Unterschiede zeigen. Während Innenar-
chitektur weiterhin eine weibliche Domäne geblieben ist, stellen Frauen auch in
Architektur-Studiengängen inzwischen sowohl unter den Studierenden als auch
unter den Absolventen den größeren Anteil. Überhaupt fällt auf, dass der weibliche Anteil der Absolventen fast durchgängig noch höher ausfällt als unter den
Studierenden. Ein klassisch weiblich dominiertes Studienfach ist etwa auch Tex-
tilgestaltung – während „Film und Fernsehen" als Studiengang nur ca. ein Drittel
weibliche Studierende und Absolventen aufweist. Auch im Bereich des Musik-Stu-
diums, insbesondere bei Dirigieren, Komposition sowie Jazz- und Popularmusik
finden sich vergleichsweise deutlich weniger Frauen als Männer (vgl. Abb. 4.23).

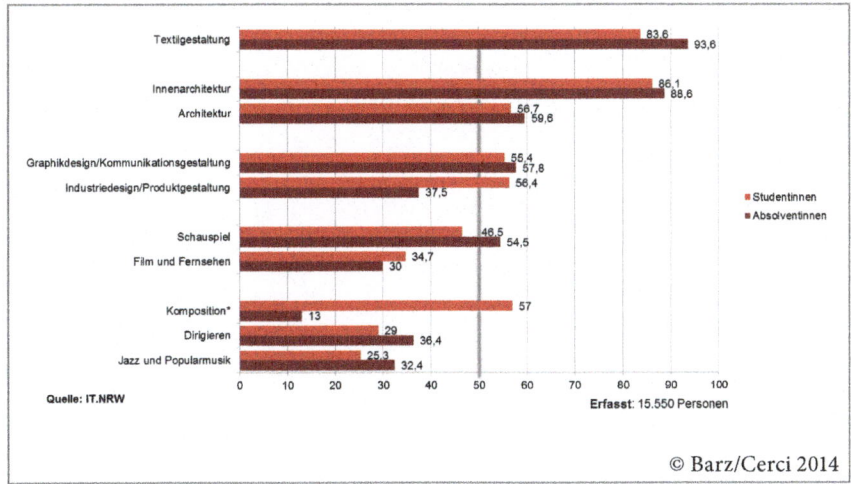

Abb. 4.23   Frauenanteil in ausgewählten Studienfächern aller Kunst- und Musikhochschulen (einschl. FH) in NRW im WS 2012/2013 (in %)

Online-Befragung 5

Ergänzend zur qualitativen Befragung und zum Desk Research wurde eine Online-Befragung der vom Land geförderten Einrichtungen durchgeführt, um die aktuelle Situation und die Perspektiven der Kultureinrichtungen näher zu beleuchten.

5.1 Untersuchungsdesign

Online-Befragungen sind ein in der Markt- und Sozialforschung seit den 90er Jahren bewährtes Instrument der Datenerhebung.[29] Als besondere Vorteile von Online-Befragungen sind zu nennen:

- Online-Befragungen sind kostengünstig, indem z.B. Portokosten gespart werden.
- Die mit Hilfe von Online-Befragungen erhobenen Daten sind sofort für die Analyse verfügbar, d.h. Online-Befragungen bieten eine Zeitersparnis im Vergleich zu postalischen Befragungen.
- Online-Befragungen stoßen auf eine vergleichsweise hohe Akzeptanz bei den Teilnehmenden, denn die Eingeladenen können bequem von jedem Ort und zu jeder Zeit an der Befragung teilnehmen. Aus diesem Grund generieren Online-Befragungen – verglichen mit postalischen Befragungen – auch höhere Rücklaufquoten.

---

29 vgl. Thielsch/Weltzin 2009, Welker/Wenzel 2007.

Neben den zahlreichen Vorteilen sind auch folgende Nachteile zu nennen:

- Mit Online-Befragungen können nur Internet-Nutzer erreicht werden, d.h. Online-Befragungen sind nicht für alle Zielgruppen geeignet. So können z.b. mit Online-Befragungen keine für die Gesamtbevölkerung repräsentativen Umfragen durchgeführt werden.
- Datenbanken und Server für Online-Befragungen müssen sorgfältig gegen unberechtigte Zugriffe geschützt werden.
- Bei sehr sensiblen Umfragethemen wie z.b. Mitarbeiterbefragungen oder Führungskräftefeedback muss durch intensive Kommunikation möglichen Sicherheitsbedenken der Teilnehmenden entgegengewirkt werden.

Bei der geplanten Befragung von Kultureinrichtungen wurde die Methode der Online-Befragung gewählt, weil die anvisierten Zielpersonen, Leiterinnen und Leiter von Kultureinrichtungen, in aller Regel online, d.h. per E-Mail erreichbar sind. Die Server der Firma Questback, mit der die Umfrage durchgeführt wurde, werden in einem vom Bundesamt für Sicherheit und Informationstechnik zertifizierten Rechenzentrum gehostet[30], so dass von einem ausreichenden Schutz der Daten auszugehen ist. Zudem wurden die Projektpartner (Abteilung für Bildungsforschung der Heinrich-Heine-Universität, Frauenkulturbüro NRW e.V. und die Kulturabteilung des Landes Nordrhein-Westfalen) in der Kommunikation deutlich hervorgehoben und somit die Relevanz und Seriosität der Befragung unterstrichen.

Zielgruppe[31] der Befragung waren alle Kultureinrichtungen in Nordrhein-Westfalen, die eine dauerhafte Finanzierung oder eine Projektförderung in den Jahren 2009, 2010 oder 2011 durch das Land NRW erhielten. Ergänzend wurden solche Organisationen befragt, bei denen eine Vertretung des Landes im Beirat oder im Vorstand gegeben ist.

Der Online-Fragebogen bestand aus offenen und geschlossenen Fragen zu den folgenden Inhalten:

- Anzahl Beschäftigte
- Künstlerische Beschäftigte/Frauenanteil

---

30 Quelle: http://www.questback.de/leistungen/hosting/sicherheits-features/, Abruf 13.09.2013

31 Laut ursprünglicher Planung sollte die Liste der zu befragenden Einrichtungen vom Auftraggeber-Team zur Verfügung gestellt werden. Davon abweichend hat die Abteilung für Bildungsforschung die geförderten Einrichtungen in einem ersten Schritt recherchiert. Im zweiten Schritt wurde die Liste mit dem Auftraggeber-Team abgestimmt und von diesem freigegeben.

- Künstlerische Leitung bzw. Beschäftigte in Führungspositionen/Frauenanteil
- Programm/Spielplan
- Geförderte Künstlerinnen und Künstler
- Personalentwicklungsmaßnahmen/Frauenförderung
- Bewertung von Zukunftsthemen

Die mittlere Bearbeitungszeit betrug 15:22 Minuten.

Um den Rücklauf zu erhöhen, wurde einen Tag vor dem Start der Online-Befragung (24.06.2013) ein Ankündigungsschreiben im Auftrag des Abteilungsleiters der Kulturabteilung der Landesregierung Nordrhein-Westfalen, Peter Landmann, versandt. In diesem Schreiben wurden Hintergrund und Ziel der Untersuchung erläutert.

Die eigentliche Befragung fand vom 25.06.2013 bis 12.07.2013 statt. Die Einladung zu der Befragung ging – mit dem Hinweis, dass der Fragebogen bei Bedarf hausintern weitergeleitet werden könne – per E-Mail an die jeweilige künstlerische Leitung. Von insgesamt 172 angeschriebenen Kultureinrichtungen sendeten 97 einen teilweise ausgefüllten und 50 einen vollständig ausgefüllten Fragebogen zurück. Das entspricht einem Netto-Rücklauf von 29% (vgl. Tab. 5.1).

Tabelle 5.1 Rücklauf

Sparte	Eingeladene	Fragebogen vollständig ausgefüllt	Fragebogen unterbrochen	Netto-rücklauf*	Rücklauf-quote**
				%	
Theater	62	13	16	21,0	46,8
Philharmonien	24	5	8	20,8	54,2
Museen	27	10	7	37,0	63,0
Literaturbüros	4	3	0	75,0	75,0
Musikfestivals	32	7	10	21,9	53,1
Filmfestivals	10	3	2	30,0	50,0
vom Land geförderte Kultureinrichtungen	13	9	4	69,2	100,0
Insgesamt	**172**	**50**	**47**	**29,1**	**56,4**

*Beendete Fragebögen

**inklusive der Teilnehmer, die den Fragebogen abgebrochen haben

Bei der Interpretation der Ergebnisse ist zu berücksichtigen, dass in den einzelnen Sparten die Fallzahl sehr niedrig ist. So haben z.B. nur 3 von insgesamt 10 eingeladenen Filmfestivals an der Befragung teilgenommen. Die Spartenergebnisse werden aus diesem Grund im Bericht nur als Trendergebnisse aufgeführt. Die grafisch aufbereiteten Detail-Ergebnisse finden sich im Anhang (vgl. Anhang 8.2.2). Wenngleich es natürlich wünschenswert wäre, durch eine höhere Teilnahmequote ein vollständigeres Bild zu gewinnen, bleibt festzuhalten, dass in der Sozialforschung die Faustregel gilt, dass Rücklaufquoten von über 15% bei schriftlichen Befragungen als bemerkenswert hoch einzustufen sind. Insofern liegt die Netto-Rücklaufquote für die im Folgenden vorgestellten Befunde mit 29% durchaus in einer erfreulichen Größenordnung.

5.2   Ergebnisse

5.2.1   Personalstruktur

Insgesamt 25% der Einrichtungen werden in der künstlerischen Leitung von Frauen geführt. Der Anteil schwankt von 10% bei Philharmonien bis hin zu 33% bei freien und kommunalen Theater. Bei den Ergebnissen gibt es Abweichungen zu den Auszählungen der Internet-Recherche (vgl. Anhang: Abb. 7.2.1), die auf die geringe Fallzahl in der Stichprobe zurückzuführen sind.[32]
    Bei der kaufmännischen Leitung ist der Frauenanteil mit 44% deutlich höher. Zählt man alle künstlerischen Beschäftigten zusammen, so haben die Frauen bei den vom Land geförderten Kultureinrichtungen insgesamt einen Anteil von 34% am künstlerischen Personal. Überdurchschnittlich hoch ist der Anteil bei Museen und Filmfestivals, unterdurchschnittlich bei Musikfestivals.

---

32 Gemeint ist die Abweichung der Ergebnisse bzgl. der Kategorie „Künstlerische Lei-
    tung" bei Philharmonien der Online-Befragung (10%) im Vergleich zur entsprechen-
    den Internet-Recherche, sprich der Auszählung der Leitungspositionen auf Basis der
    Homepage-Angaben der Einrichtungen (0%). Die Abweichung ist dadurch zu erklären,
    dass bei der Online-Befragung die Zuweisung zur künstlerischen Leitung durch die
    Einrichtungen selbst vorgenommen wurde. So konnte in der Online-Befragung bei-
    spielsweise die Orchesterleitung der Kategorie „Künstlerische Leitung" zugeordnet
    werden. Im Desk Research wurde zu dieser Kategorie nur die Intendanz eines Hauses
    bzw. die Generalmusikdirektion gezählt.

5.2.2 Spartenspezifische Trendaussagen

Theater

Aufgrund der geringen Fallzahl der Stichprobe wurden für die spartenspezifische Betrachtung die kommunalen und die freien Theater zusammengefasst. Es zeigen sich folgende spartenspezifische Besonderheiten:

- Der Frauenanteil ist insbesondere in der Dramaturgie überdurchschnittlich hoch.
- Die Dirigenten sind zu 100% männlich.
- Die Stücke im Spielplan 2012/2013 wurden zu ca. einem Drittel von Autorinnen und zu rund zwei Dritteln von Autoren geschrieben.
- Die Musikstücke, die im Spielplan 2012/2013 gezeigt wurden, waren zu 100% von Männern komponiert.

Philharmonien

Im Spartenvergleich findet sich bei den künstlerischen Beschäftigten in den Philharmonien ein eher geringer Frauenanteil. Auch hier zeigt sich, dass im Spielplan 2012/2013 fast ausschließlich Stücke von männlichen Komponisten gespielt wurden.

Musikfestivals

Auffällig bei den Musikfestivals ist, dass der Frauenanteil in der Leitung und auch bei den künstlerischen Beschäftigten unterdurchschnittlich ist. Unter den künstlerischen Beschäftigten der Musikfestivals findet sich keine Frau in Festanstellung (vgl. Anhang: Abb. 7.2.8).

Museen

In Relation zu den anderen Sparten ist der Frauenanteil bei den künstlerischen Beschäftigten in Museen sehr hoch und zwar auf allen Ebenen. Das heißt sowohl in der künstlerischen und kaufmännischen Leitung, unter den Beschäftigten mit Honorarverträgen, den Mitarbeiterinnen und Mitarbeitern in Festanstellung als auch unter den Kuratorinnen und Kuratoren gibt es verhältnismäßig viele Frauen.

Betrachtet man die Programminhalte, so fällt auf, dass Künstlerinnen nur zu rund einem Viertel an Einzel- und Sonderausstellungen der Museen beteiligt sind[33] und auch nur rund 40% der angekauften Werke der vom Land geförderten Museen aus Frauenhand stammen.

---

33 Der Wert deckt sich weitgehend mit dem Ergebnis des Desk Research (vgl. Anhang 7.1).

Filmfestivals

Aufgrund der geringen Fallzahl von N = 3 können für Filmfestivals keine Trendaussagen gemacht.

Vom Land geförderte Kultureinrichtungen

Zu den sonstigen vom Land geförderten Kultureinrichtungen zählen u.a. die
Kultursekretariate, Literaturbüros und Filmwerkstätten. Insgesamt ist der Frauenanteil in der künstlerischen Leitung und beim künstlerischen Personal hier leicht
überdurchschnittlich. 3 von 4 Literaturbüros in NRW haben an der Befragung
teilgenommen. Diese gaben an, dass im Jahr 2012 insgesamt 404 Autorinnen und
Autoren zu Lesungen eingeladen wurden, davon waren 41% Frauen.

5.2.3   Personalentwicklungsmaßnahmen

Nur rund 20% der befragten Einrichtungen bieten ihren Beschäftigten Personalentwicklungsmaßnahmen. Das Angebot reicht von Führungs- über Fach-, und
Kommunikationstrainings bis hin zu Computer-Kursen (vgl. Abb. 5.1).

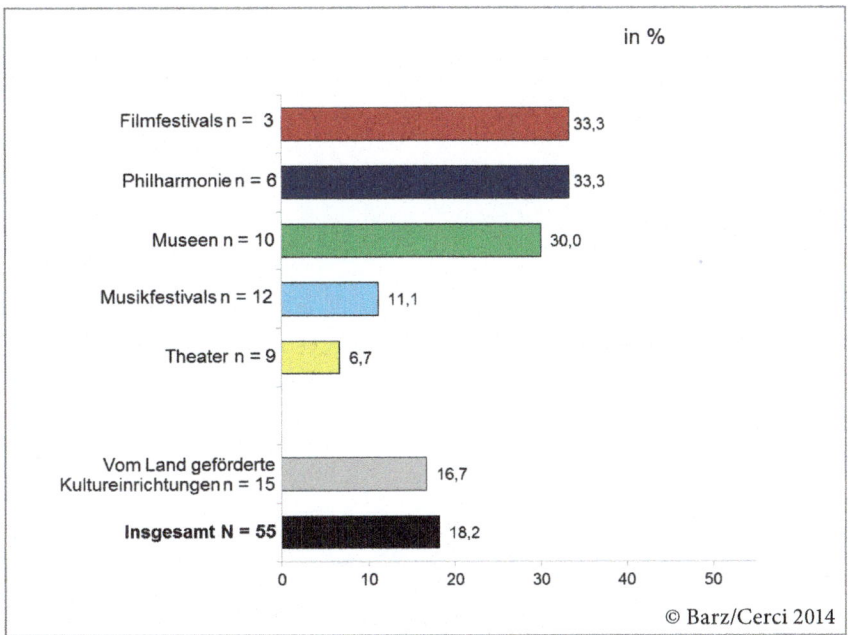

Abb. 5.1   Programme zur Personalentwicklung vorhanden?

Hinweis: Spartenergebnisse sind aufgrund der geringen Fallzahl als Trendaussagen zu interpretieren.

Gefragt nach Programmen zur Gleichstellung von Mann und Frau gibt nur ein Museum an, solch eine Maßnahme im Angebot zu haben (vgl. Abb. 5.2).

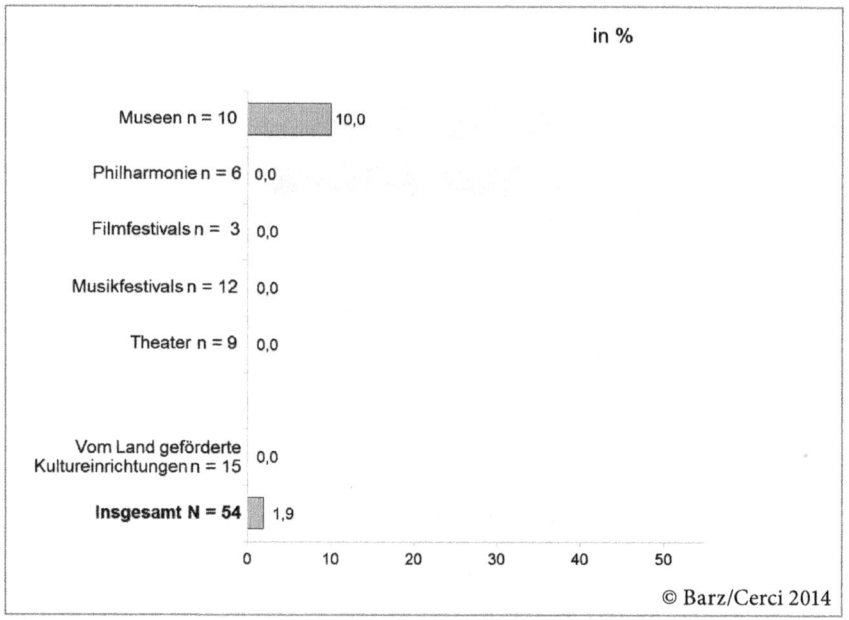

Abb. 5.2   Programme zur Gleichstellung vorhanden?

Hinweis: Spartenergebnisse sind aufgrund der geringen Fallzahl als Trendaussagen zu interpretieren.

5.2.4   Relevante Zukunftsthemen aus Sicht der Kultureinrichtungen

Um den Stellenwert von Genderfragen aus Sicht der Kultureinrichtungen zu ermitteln, wurden die künstlerischen Leitungen der Einrichtungen zunächst offen nach den aus ihrer Sicht wichtigen Zukunftsthemen gefragt. Folgende Themen haben aus Sicht der Befragten Priorität:

- Sicherung der Finanzen/Bestandswahrung
- Qualität *und* Finanzierung sichern/Sicherung der Qualität bei unsicheren Haushaltsmitteln
- Audience Development/Erschließung neuer Zielgruppen (ältere Menschen, Migranten, Jugendliche)

- Ausbau der Kinder- und Jugendarbeit
- Neue Wege in der Kommunikation/soziale Netzwerke/Verlagerung der Kommunikation ins Netz

Bei der gestützten Abfrage, bei der vorformulierte Statements zu bewerten waren, zeigt sich, dass 90% der Einrichtungen die Entwicklung neuer Formate als sehr wichtig bzw. wichtig erachten. 88% geben an, dass die Verankerung des Hauses in der Stadt für sie eine hohe Relevanz hat. Weitere wichtige Themen sind mit 81% die Förderung des künstlerischen Nachwuchses und mit 79% die Kooperation mit Bildungseinrichtungen (vgl. Abb. 5.3).

Nur 64% der Einrichtungen erachten den Ausbau der Zielgruppe „Menschen mit Migrationshintergrund" als sehr wichtig bzw. wichtig und lediglich 46% der Befragten sehen Chancengleichheit von Männer und Frauen als wichtiges Zukunftsthema für ihre Einrichtung. Bei den Frauen liegt der Anteil mit 53% nur leicht höher (vgl. Abb. 5.4)

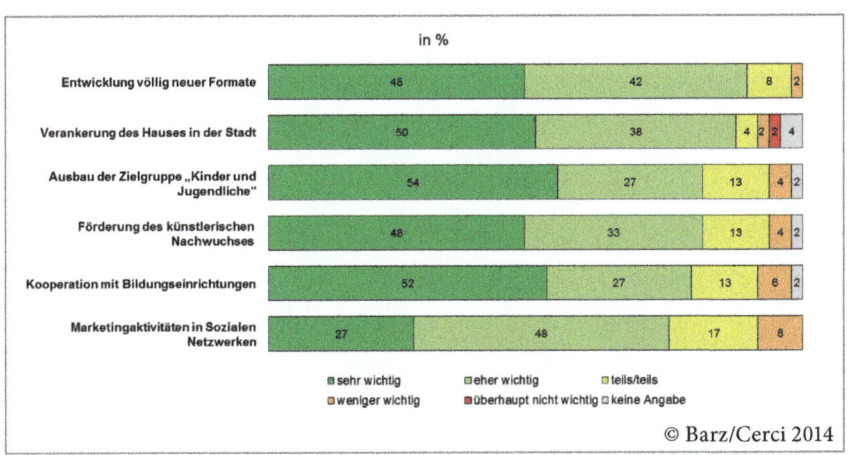

Abb. 5.3 Relevanz von Zukunftsthemen (1/2)
N = 48

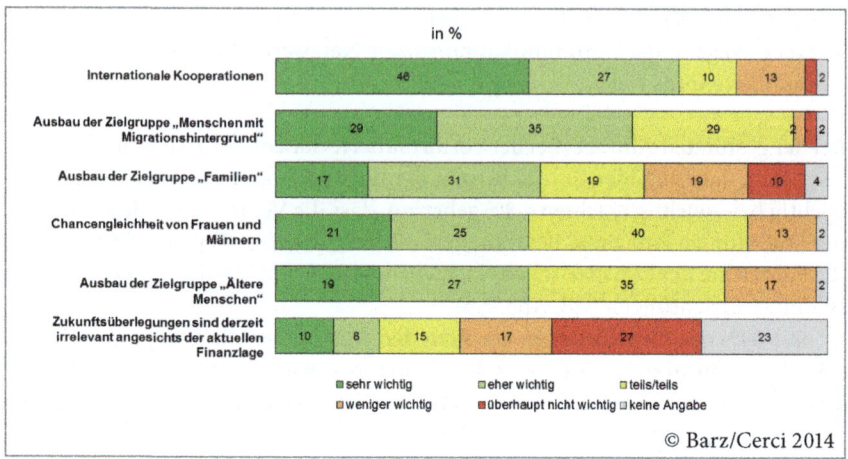

Abb. 5.4   Relevanz von Zukunftsthemen (2/2)
                    N = 48

5.2.5 Statistische Eckwerte der Befragten der Online-Stichprobe

Von den insgesamt 50 Teilnehmern der Befragung waren 64% Männer und 30% Frauen. 6% der Befragten machten keine Angabe zum Geschlecht (vgl. Abb. 5.5).

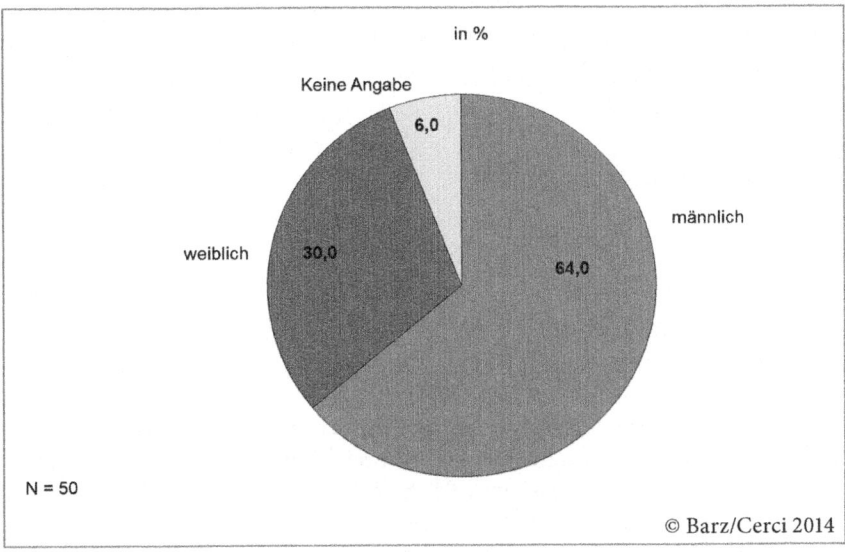

Abb. 5.5   Statistik: Geschlecht der teilnehmenden Person

Die Mehrheit der Befragungsteilnehmer (72%) gehört zur künstlerischen Leitung der befragten Kultureinrichtung, 40% zur kaufmännischen Leitung. Weitere 14% lassen sich dem Personal zuordnen (vgl. Abb. 5.6[34]). Unter den 36, der künstlerischen Leitung zugehörigen Personen, die den Fragebogen ausfüllten, waren 28% Frauen (vgl. Anhang: Abb. 7.2.1).

---

34 Bei der Frage nach der Funktion waren Mehrfachnennungen möglich.

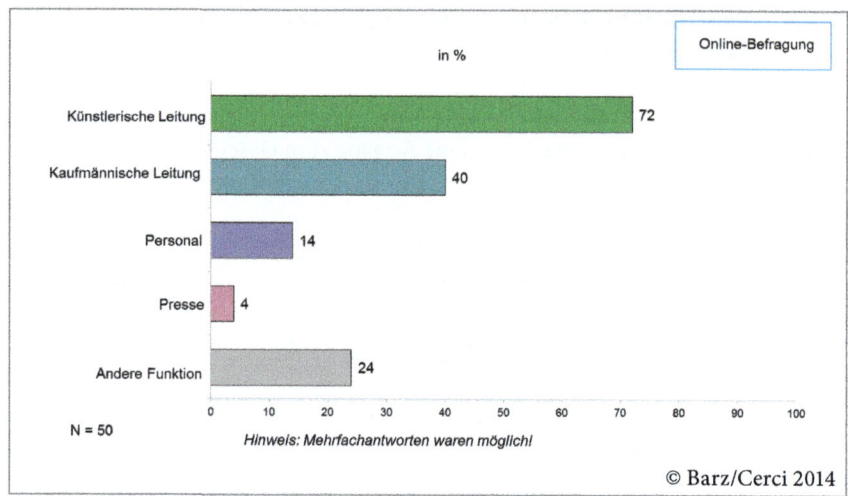

Abb. 5.6   Statistik: Funktion der teilnehmenden Person

Die mittlere Beschäftigtenzahl der befragten Einrichtungen liegt bei 33 Mitarbeiterinnen und Mitarbeitern. Im Durchschnitt verfügen die Einrichtungen über 2,5 Mio. € Jahresbudget. Im Spartenvergleich zeigen sich dabei allerdings deutliche Unterschiede: Während bei den Museen, Philharmonien und Theatern das Jahresbudget im Durchschnitt bei über 3 Mio. € liegt, fällt es bei den Musik- und Theaterfestivals mit jeweils unter 1 Mio. € deutlich geringer aus (vgl. Anhang: Abb. 7.2.16).

Diskussion 6

> *Die FAZ berichtet am 23. Juli 2013 ganzseitig über „Die Diri-genten dieses Sommers" und stellt sieben verstorbenen Pult-Le-genden sieben aktuell tätige Taktstock-Virtuosen gegenüber –*
> *14 Kurzporträts erfolgreicher Männer. Und keine einzige Frau.*

In einer Gesamtwürdigung der in diesem Bericht vorgestellten Ergebnisse kann kon-statiert werden, dass aus einer Gleichstellungsperspektive weiterhin Handlungsbedarf herrscht. Gleichwohl lassen sich für einige Bereiche markante Verbesserungen im Blick auf die Partizipation von Frauen feststellen. Im Vergleich z. B. zu einer Studie, die Ende der 90er Jahre noch z.T. von einer „Null-Präsenz" berichtete, hat sich die weibliche Beteiligung im Kultur- und Kunstbetrieb verbessert. Damals schrieben die Autorinnen Fenja Braster und Sandra Sartori in ihrer Zusammenfassung:

„Die Ende März 1999 abgeschlossene Recherche und Studie im Auftrag des Kultur-amtes der Stadt Düsseldorf hat ein recht eindeutiges Ergebnis erbracht: Frauen sind bei Düsseldorfer Kunstausstellungen weit unterrepräsentiert. Dieses Bild ist nicht ganz unerwartet. Erschreckend sind jedoch die objektiven Zahlen, insbesondere bei etablierten Ausstellungsorten (bei Kunsthalle, Kunstverein, Kunstsammlung, beim Kunstmuseum nur bezüglich Einzelausstellungen). […] In den ‚Klassischen Medien', wie Malerei, Skulptur, Grafik etc. sind Künstlerinnen auffallend unterrepräsentiert, ja, sogar in einigen Fällen (Kunsthalle, Kunstverein, Kunstsammlung), wie das Beispiel Malerei zeigt, über 20 Jahre hinweg und länger überhaupt nicht präsent."[35]

---

35 http://www.cultd.eu/frauenpraesenz/15/15_R.htm

Elfriede Jelinek im Interview mit André Müller aus Anlass der Verleihung des Literaturnobelpreises 2004[36]

Die schwedische Akademie hat die Vergabe des Nobelpreises an Sie unter anderem damit begründet, daß Sie es als „unerschrockene Gesellschaftskritikerin" verstehen, „das Unvermögen der Frau" zu beschreiben, „in einer Welt zum Leben zu gelangen, in der sie von stereotypen Bildern zugedeckt wird."

JELINEK: Ja, Männerbildern.

Das Bild der Frau, sagen Sie, wird von den Männern bestimmt.

JELINEK: Ja, wir Frauen müssen alle durch die männliche Beurteilungsschleuse, und die da bestehen wollen, erreichen das nicht durch Leistungen irgendwelcher Art, sondern müssen sich auf den Markt der Körper werfen. Ich hab früher oft so als Witz erzählt, ob man Nobelpreisträgerin ist oder eine sechzehnjährige Schülerin, ist ganz egal, entweder die Männer pfeifen einem nach oder sie rufen einem „fette Sau" hinterher. Jetzt bin ich selbst Nobelpreisträgerin. Aber das erhöht meinen Wert in den Augen der Männer nicht, eher im Gegenteil. Ich werde dadurch für sie noch monströser.

Für mich nicht.

JELINEK: Sie sind eine Ausnahme. Sie haben mir bei unserem ersten Interview etwas gesagt, an das ich oft denken muß, nämlich daß es nicht nur das Problem der Frauen ist, nicht leben zu können. Lebensunfähig können auch Männer sein.

Kafka, Robert Walser...

JELINEK: Ja, da gebe ich Ihnen inzwischen recht.

Als lebensuntauglicher Mann hätten Sie es womöglich noch schwerer, weil Sie sich nicht als Feministin mit den unterdrückten Frauen identifizieren könnten.

JELINEK: Das stimmt. Als Mann hätte ich mich wahrscheinlich längst umgebracht. Andererseits könnte ich als Mann den Nobelpreis besser genießen. Denn ein Mann wird attraktiv durch den Erfolg. Ich bin ja nicht Feministin, weil ich Männer bekämpfe, die Frauen verprügeln und vergewaltigen. Daß man dagegen ist, ist ja klar. Ich bin Feministin, weil dieses erdrückende phallische, phallokratische Wertsystem, dem die Frau unterliegt, über alles gebreitet ist. Die Unterwerfung unter das taxierende männliche Urteil ist für mich eine ewige narzißtische Kränkung.

---

36 http://www.weltwoche.ch/ausgaben/2004-48/artikel-2004-48-ich-bin-die-lieb.html

Auf der anderen Seite ist festzuhalten: Nicht alles, was in dieser Studie an weiter bestehenden Problemanzeigen herausgearbeitet oder auch als Empfehlungen formuliert wurde, dürfte neu sein. Vieles findet sich, wenn auch eher verstreut, in bereits vorliegenden Bestandsaufnahmen. Etwa im Gender-Report 2010 zum Hochschulwesen in NRW, der gerade auch für die Kunst- und Musikhochschulen eine aus Gleichstellungsperspektive recht ernüchternde Bilanz zieht. Nicht nur, dass die Zahl der Professorinnen in den allermeisten Fächern deutlich unter derjenigen der männlichen Professoren liegt (der Gender-Report, S. 67, nennt einen Durchschnittswert von 15,8% inklusive Juniorprofessuren, in absoluten Zahlen: 1.059 der insgesamt 6.719 Professuren an **allen** Hochschulen in NRW waren im Jahr 2007 mit Frauen besetzt). Auch die Gleichstellungsaktivitäten sind offenbar wenig ausgeprägt. Zwar ist der im Folgenden wörtlich zitierte Befund nur auf eine der sieben Kunst- und Musikhochschule bezogen, aber für die anderen porträtierten Kunst- und Musikhochschulen finden sich meist nur wenig günstigere Formulierungen:

> „Die Gleichstellungsbeauftragte ist im Jahr 2009 mit 0% der Arbeitszeit für die Gleichstellungsarbeit freigestellt. Die Gleichstellungsbeauftragte/das Gleichstellungsbüro erhielt im Jahr 2009 keine Haushaltsmittel." (Gender-Report 2010, S. 443)

Und in einer Vorabmeldung zum Gender-Report 2013 heißt es bezogen auf alle NRW-Hochschulen:

> „Den höchsten Frauenanteil haben die seit 2007 eingeführten Hochschulräte (32,3%), den niedrigsten die Dekanate (10,2%). Weiterhin werden 7 von 37 Hochschulen von einer Rektorin bzw. Präsidentin geleitet."[37]

Auch in den Universitäts-Senaten (Vorabmeldung vom 25.02.2013) ist der Frauenanteil mit 26,5% recht gering. Eine Beobachtung, die in unseren Interviews formuliert wurde, könnte – neben den sonstigen Mechanismen – eventuell zumindest mit beteiligt sein an dieser Situation: Frauen haben bisweilen gerade als Professorinnen wenig Interesse an Gremienarbeit: Als plausible Gründe wurde spekuliert, dass sie a) sehr und z.T. mehr als ihre männlichen Kollegen mit ihrer Karriere beschäftigt seien und Frauen b) wegen Kindern eher weniger Zeit für die oft unproduktive akademische Selbstverwaltung aufbringen können oder wollen. (♀-55-M-HS)

> *„Im Moment ist es halt das Problem, dass die Professorinnen, die wir jetzt haben, die wollen keine Ämter machen. Das liegt aber nicht an unserem Rektor,*

---

37 http://www.genderreport-hochschulen.nrw.de/start-genderreport/ (Meldung vom 06.12.2012)

sondern das ist ... weil die sagen, ich habe keine Zeit, ich kann nicht auf jede Sitzung, ich bin berühmt, ich habe Erfolg. " (♀-47-BK-HS)

Die in unseren Recherchen und Gesprächen deutlich werdende Sondersituation für Teile der Musiksparte wurde ebenfalls bereits an anderer Stelle vermerkt. Auch die Datenaufbereitung im Bericht „Arbeitsmarkt Kultur" (2013, S. 77) betont die singuläre Situation in bestimmten Bereichen des Musikbetriebs, etwa, „dass in einigen Studienfächern wie Jazz/Popularmusik, Komposition oder Kirchenmusik bis zu 75 % Männer studieren. In keinem anderen der untersuchten Studienbereiche sind vergleichbare Zahlen zum Frauenanteil an den Studierenden festzustellen."

Die zahlenmäßige Dominanz von Frauen in einer großen Zahl von anderen kunst- und kulturbezogenen Studienfächern und das noch stärkere Übergewicht des weiblichen Geschlechts bei den Absolventinnen stehen für viele Berufsfelder auch im Kunst- und Kulturbereich nach wie vor im Gegensatz zur weniger erfolgreichen weiblichen Präsenz im Berufsleben. Hier könnte, wie es auch in den Empfehlungen im ersten Teil dieses Berichts formuliert ist, ein frühes, bereits während des Studiums erfolgtes Bewusstmachen und Vorbereiten auf die für erfolgreiche berufliche Karrieren wichtigen Schlüsselkompetenzen eventuell für Verbesserungen sorgen. Auch der Bericht „Arbeitsmarkt Kultur" hat jüngst festgehalten, „dass ein nicht zu vernachlässigender Anteil der Studentinnen nach Abschluss des Studiums keinen Eingang in den Arbeitsmarkt findet. Hier wäre es Aufgabe der Hochschulen, Maßnahmen zu ergreifen, dass die ausgebildeten Künstlerinnen oder Designerinnen sich auf dem Arbeitsmarkt etablieren können." (Schulz/Zimmermann/Hufnagel 2013, S. 121)

Auch frühere Bestandsaufnahmen zum Thema Frauen im Kultur- und Medienbetrieb enthielten bereits entsprechende Empfehlungen:

> „Die Regeln des Kunstmarkts zu erkennen und für sich gewinnbringend umzusetzen, finden im offiziellen Lehrplan der Kunsthochschulen noch zu wenig Berücksichtigung." (Brinkmann/Wiesand 2001, S. 142)

Die Empfehlung, Netzwerke von Frauen in Führungspositionen zu unterstützen, die sich im Eingangskapitel des vorliegenden Berichts findet, schließt sich an ähnliche Konzepte an. So wurde vom Zukunftsinstitut, dessen Gründer Matthias Horx seit Jahren den „Megatrend Frauen" als eine der wesentlichen Entwicklungskräfte unseres Zeitalters beschreibt, bereits eine „Anleitung zum Netzwerken" entwickelt, in dem sich ähnliche Beobachtungen finden, wie die hier berichteten:

> „Wenn Frauen sich mit Gleichgesinnten zusammentun, ähnelt das eher einer Solidargemeinschaft und dient weniger dem strategischen Machterhalt. [...] Beobachtet

man Frauen und Männer auf gemischten Netzwerkveranstaltungen wie ,Visitenkar-
tenpartys' (www.visitenkartenparty.biz) oder auf Steh-Empfängen bei Branchen-
treffs, fällt auf, dass Männer in der Regel als gezielte Visitenkarten-Jäger auftreten."
(Westphal 2004, 95)

Dr. Andrea-Katharina Hanke, Kulturdezernentin Münster[38]

„Das Thema Frauenförderung muss immer wieder angeschoben werden, wenn
sich wirklich etwas ändern soll. [...] Jede Frau soll für sich entscheiden, ob sie
in eine Führungsposition strebt oder nicht."

Dass Männer nach wie vor, z.T. auch unbewusst, als „Hüter der gläsernen Decke"
fungieren, stellt für die jüngste Zeit der Report „Frauen in Führungspositionen" des
Instituts Sinus Sociovision fest, insofern sich vielfältige, miteinander verschränkte
Vorbehalte gegen Frauen in Führungspositionen finden. Aber:

„Es gibt auch Barrieren seitens der Frauen auf dem Weg zu Führungspositionen.
Ein Teil der kompetenten Frauen schreckt davor zurück, in eine Führungsposition
aufzusteigen oder einen mehrfachen Karrieresprung zu machen: Einige fürchten,
dass sie als Frau mehr leisten müssen als ein Mann in derselben Position; dass sie
einem vielfach höheren Erwartungsdruck ausgesetzt sind als Männer; dass sie als
Minderheit in einer Männerdomäne zum Teil gegen überkommene eingeschliffene
,männliche' Rituale kämpfen müssen und sich dabei aufreiben; dass sie ihre eigenen
,anderen' Konzepte von richtigem und erfolgreichem Management gegen die Macht
der Mehrheit verteidigen müssen; und vor allem: dass es für sie angesichts der Be-
lastungssteigerung und erhöhten Zeitknappheit noch schwerer werden wird, Beruf
und Familie zu vereinbaren." (Wippermann 2010, S. 9)

Wie auch der hier vorliegende Bericht stellt auch der Report „Frauen in Führungspositionen" auf der Basis empirischer Befunde fest:

„An der Spitze der geforderten Maßnahmen im operativen Bereich steht die Vereinbarkeit von Beruf und Familie. Aber die heutigen Führungskräfte sind überzeugt, dass
es nicht zu einer Fokussierung oder gar Reduzierung auf das Vereinbarkeitsthema
kommen sollte. Ebenso wichtig sind – neben den genannten Maßnahmen – die Entwicklung einer neuen Unternehmenskultur und die Veränderung des gesellschaftlichen Bewusstseins, dass Frauen in Führungspositionen selbstverständlich sind (bzw.
sein sollten). Ein damit einhergehendes verändertes Rollenbild betrifft Frauen und
Männer in Führungspositionen." (Wippermann 2010, S. 10)

---

38 Statement im Rahmen der Tagung „Frauen im Arbeitsmarkt Kultur", veranstaltet vom
Frauenkulturbüro NRW e.V. am 5.9.2013 in Berlin.

Prof. Dr. Martin Dinges, Arbeitskreis für interdisziplinäre Männer- und Geschlechterforschung, Institut für Geschichte der Medizin der Robert-Bosch-Stiftung Stuttgart[39]

„Die Debatte rund um die Vereinbarkeit von Familie und Beruf darf nicht länger nur als Problem der Mütter behandelt werden. Vielmehr muss die Arbeit von Paaren gesellschaftlich neu verteilt werden. Die einseitige Fixierung auf Mütter muss überwunden und Rahmenbedingungen müssen geändert werden. [...] Es gibt einen breiten Konsens darüber, dass nur Frauen ein soziales Geschlecht haben. Das ist auch ein Sekundärphänomen feministisch geprägter Diskurse, welche die Sonderrolle der Frau immer wieder thematisieren."

Dass es immerhin Anzeichen des angesprochenen Bewusstseinswandels bei beiden Geschlechtern gibt, haben zuletzt Interview-Äußerungen von Johan Simons nahegelegt: In der Süddeutschen Zeitung (18.5.2013) beispielsweise erläutert der Intendant einer der besten Bühnen Deutschlands, dass er zukünftig lieber an einem weniger berühmten Theater (in Gent) arbeiten will: Johan Simons erklärt im Interview mit Christine Dössel, warum er seine Intendanz bei den Münchner Kammerspielen nicht verlängert: „Mir fehlt meine Frau. Ich möchte gerne mit ihr in unserem schönen Haus leben." Dass Simons, wie inzwischen bekannt wurde, ab 2015 als Intendant die Ruhrtriennale leiten wird, ändert nichts an diesem für einen erfolgreichen Mann eher ungewöhnlichen Bekenntnis zu Frau und Familie.

Das ambivalente Image der Frauenförderaktivitäten wurde in den Interviews stark thematisiert. Ein naheliegender Aspekt, ist natürlich die Wahrnehmung vieler männlicher Künstler, Schriftsteller, Musiker etc., die befürchten, dass ihre eigenen Chancen durch die Frauenfördermaßnahmen reduziert werden. So sehen Männer gelegentlich heute selbst bei gleichen Voraussetzungen Vorteile für weibliche Künstlerinnen:

„Die Künstlerinnen, die diesen Preis bekommen, die entwickeln sich danach doppelt besser als die Männer. Die öffentliche Wahrnehmung ist für eine Johanna Reich dreimal größer als wie für Jens Pecho. Das hat nichts mit der Arbeit zu tun. Es ist wirklich einfach, sag ich mal, das Auftreten." (♂-54-MK-HS)

Auch hat sich – wie in Recherchegesprächen zu erfahren war – in der Literaturszene wohl der zynische Satz breit gemacht, man werde (als Mann) demnächst unter

---

39 Statement im Rahmen der Tagung „Frauen im Arbeitsmarkt Kultur", veranstaltet vom Frauenkulturbüro NRW e.V. am 5.9.2013 in Berlin.

weiblichem Pseudonym schreiben (weil das die Chancen auf Aufmerksamkeit oder sogar einen Preis erhöhe).

Indessen finden sich trotz der unbestritten stärkeren Berücksichtigung von Genderaspekten mindestens in der staatlichen Kulturförderpolitik noch immer heftige Klagen über ungebrochene männliche Dominanz. Zwei Beispiele – die insofern interessant sind, als sie aus zwei unterschiedlichen Kunstsparten (Literatur, Film) stammen, aber mehr oder weniger denselben rätselhaften Befund anprangern: Trotz teilweise sogar überproportionaler Vertretung von Frauen in Jurys, Gremien und Kommissionen, fallen die Entscheidungen oft weiter eindeutig zugunsten des männlichen Geschlechts aus:

> „Es gibt viele Frauen, die mittlerweile in Jurys sitzen (Buchhändlerinnen, Bibliothekarinnen, Fördervereinsvorsitzende, Autorinnen, Journalistinnen). Es dürfte inzwischen sogar etliche Jurys geben, in denen die Frauen die Abstimmungsmehrheit haben. Woran liegt es aber dann, dass der Literaturpreis in Deutschland männlich ist?" (Christine Lehmann: Der Literaturpreis ist männlich – die Jury nicht, Blog vom 2.12.2012[40])

> „Eigentlich müsste die inzwischen eingetretene paritätische Beteiligung von Frauen in den Entscheidungsgremien und vor allem an der Spitze von inzwischen sechs Länderförderern (von insgesamt neun großen und auch kleineren Institutionen) Auswirkungen haben auf die Berücksichtigung von und die Chancen für Filmemacherinnen. Aber dem ist nicht so, ihr Minderheitenstatus scheint wie zementiert – der bisher als entscheidend angenommene Einflussfaktor Gremienbesetzung allein ändert nichts." (Petra Schmitz, Filmbüro NW: Gender Mainstreaming im Film. Unveröff. Manuskript)

Die gleichlautende Diagnose in zwei sehr unterschiedlichen Sparten – Filme drehen ist im Gegensatz zu literarischer Produktion an hohen Ressourcenaufwand geknüpft – lässt branchenspezifische Überlegungen jedenfalls als weniger relevant erscheinen.

---

40 http://christine-lehmann.blogspot.de/2012/12/der-literaturpreis-ist-mannlich-die.html?showComment=1354531937783. – Mit ähnlicher Stoßrichtung erscheint in der WELT (25.5.2013) ein überraschend heftiges Pamphlet der amerikanischen Autorin Deborah Copaken Kogan gegen den anhaltenden Sexismus im Literaturbetrieb: „Es werden mehr Bücher von Autoren als von Autorinnen rezensiert; es gibt mehr Rezensenten als Rezensentinnen. Männer sind also nach wie vor die Torwächter der Kultur."

Anhang

7.1 Desk-Research

7.1.1 Künstlerinnen

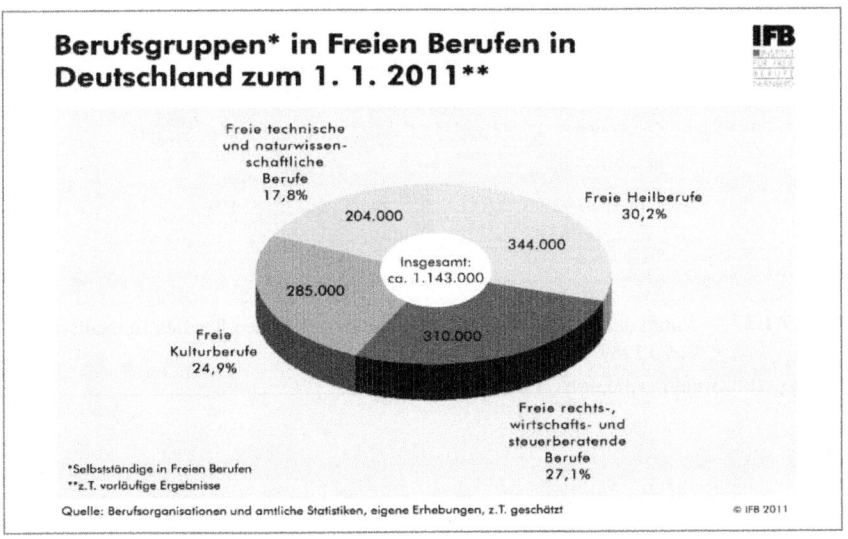

Abb. 7.1.1   Berufsgruppen in Freien Berufen in Deutschland zum 01.01.2011

Quelle: www.ifb.uni-erlangen.de/130.0.html

Abb. 7.1.2 Anteil der Frau unter den Selbständigen in Freien Berufen in Deutschland (in%) 1988, 2001 und 2013 (jeweils zum 1.1)

Quelle: www.freie-berufe.de

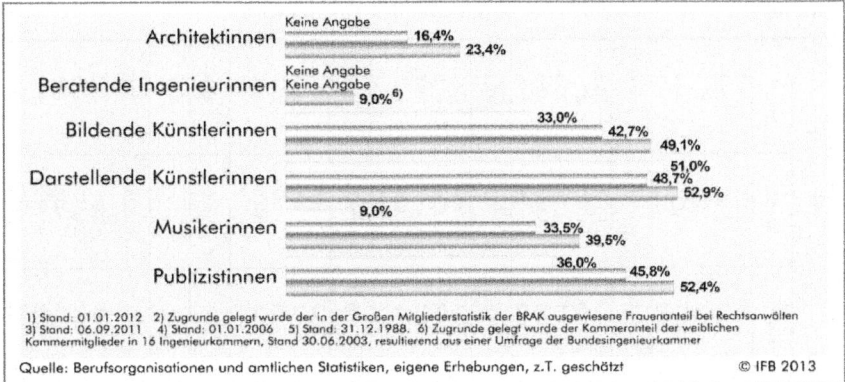

Abb. 7.1.3   Anteil der Frauen unter den Selbständigen in ausgewählten Freien
Berufen in der BRD (Architekten, Ingenieure, Kulturberufe)

Quelle: www.ifb.uni-erlangen.de

Tabelle 7.1.1 Architekten in der Bundesarchitektenkammer

Bundeskammerstatistik nach Geschlechtern, Stand 1.1.2013	gesamt	männlich		weiblich	
	absolut	absolut	in v.H.	absolut	in v.H.
Freischaffende Hochbauarchitekten	48.650	38.275	78,7	10.375	21,3
Beamtete und angestellte Hochbauarchitekten	53.736	34.385	64,0	19.351	36,0
Beamtete Hochbauarchitekten	2.987	2.465	82,5	522	17,5
Angestellte Hochbauarchitekten	47.649	29.888	62,7	17.761	37,3
Gewerblich tätige Hochbauarchitekten	3.022	2.687	88,9	335	11,1
Hochbauarchitekten insgesamt	105.408	75.347	71,5	30.061	28,5
Freischaffende Landschaftsarchitekten	3.160	2.046	64,7	1.114	35,3
Beamtete und angestellte Landschaftsarchitekten	3.719	1.966	52,9	1.753	47,1
Beamtete Landschaftsarchitekten	88	67	76,1	21	23,9
Angestellte Landschaftsarchitekten	3.446	1.793	52,0	1.653	48,0
Gewerblich tätige Landschaftsarchitekten	133	108	81,2	25	18,8
Landschaftsarchitekten insgesamt	7.012	4.120	58,8	2.892	41,2
Freischaffende Innenarchitekten	2.639	1.296	49,1	1.343	50,9
Beamtete und angestellte Innenarchitekten	2.695	1.030	38,2	1.665	61,8
Beamtete Innenarchitekten	24	20	83,3	4	16,7
Angestellte Innenarchitekten	2.578	966	37,5	1.612	62,5
Gewerblich tätige Innenarchitekten	197	143	72,6	54	27,4
Innenarchitekten insgesamt	5.531	2.469	44,6	3.062	55,4
Freischaffende Stadtplaner	2.820	2.264	80,3	556	19,7
Beamtete und angestellte Stadtplaner	3.372	2.064	61,2	1.308	38,8
Beamtete Stadtplaner	326	236	72,4	90	27,6
Angestellte Stadtplaner	2.856	1.696	59,4	1.160	40,6
Gewerblich tätige Stadtplaner	43	41	95,3	2	4,7
Stadtplaner insgesamt	6.235	4.369	70,1	1.866	29,9
Summe aller Architekten und Stadtplaner	122.667	85.138	69,4	37.529	30,6
Summe aller freischaffenden Architekten und Stadtplaner	57.269	43.881	76,6	13.388	23,4
Summe aller beamteten und angestellten Architekten und Stadtplaner	63.522	39.445	62,1	24.077	37,9
Summe aller beamteten Architekten und Stadtplaner	3.425	2.788	81,4	637	18,6
Summe aller angestellten Architekten und Stadtplaner	60.097	36.511	60,8	23.586	39,2
Summe aller gewerblichen Architekten und Stadtplaner	3.395	2.979	87,7	416	12,3

Quelle: Bundesarchitektenkammer e.V., www.bak.de (03.07.13)

Tabelle 7.1.2   Erwerbstätige und Frauenanteile in den Kulturberufen, 2010
(Söndermann 2012, S. 30)

Anzahl der Erwerbstätigen insgesamt, Anteile und Veränderung gegenüber 2001

BO-Nr.	Berufsgruppe	Insgesamt	Frauen	Frauenanteil	Frauen
		Anzahl	Anzahl	am Insgesamt in %	Veränderung in %
		2010	2010	2010	2010/2001
I. Künstlerische Kulturberufe					
831	Musiker/innen	65.000	20.000	31%	67%
832	Darstellende Künstler/innen	50.000	22.000	44%	29%
833	Bildende Künstler/innen	35.000	16.000	46%	14%
834	Bildende Künstler/innen	187.000	88.000	47%	110%
835	Künstlerische u. zugeordnete Berufe	77.000	20.000	26%	33%
837	Fotografen/innen	35.000	13.000	37%	18%
838	Artisten/Artistinnen, Berufssportler	13.000	4.000	31%	33%
II. Publizistische Kulturberufe					
821	Publizisten/innen	160.000	77.000	48%	45%
822	Dolmetscher/innen	40.000	26.000	65%	37%
823	Bibliothekare/innen	75.000	55.000	73%	22%
III. Weitere Kulturberufe					
609	Architekten/innen, Raumplaner/innen	123.000	39.000	32%	44%
703	Werbefachleute	190.000	103.000	54%	134%
875	Lehrer/innen für musische Fächer	55.000	32.000	58%	28%
882	Geisteswissenschaftler/innen	30.000	14.000	47%	75%
IV. Handwerkliche Kulturberufe*					
101	Stein-, Edelsteinbearbeiter/innen	22.000	1.000	5%	-67%
121	Keramiker/innen	14.000	7.000	50%	0%
135	Glasbearbeiter/innen	10.000	1.000	10%	-67%
178	Buchbinder/innen	18.000	7.000	39%	-13%
185	Berufe in der Holz-, Flechtwarenherstellung	10.000	3.000	30%	-40%
302	Edelmetallschmiede/Edelmetallbearbeitung	16.000	8.000	50%	0%
305	Musikinstrumentenbauer/innen	7.000	2.000	29%	100%
836	Raum-, Schauwerbegestalter/innen	41.000	20.000	49%	11%
839	Schilder- u. Lichtreklamehersteller	7.000	-	-	-
I.-IV. Kulturberufe insgesamt		1.280.000	578.000	45%	49%
Anteil Kulturberufe an allen Erwerbstätigen		3,3%	3%	-	
Zur Information:					
82	Publizistische und verwandte Berufe	275.000	157.000	57%	34%
83	Künstlerische und zugeordnete Berufe	511.000	205.000	40%	54%

Quelle: Mikrozensus, Destatis; eigene Berechnungen Arbeitskreis Kulturstatistik e.V.

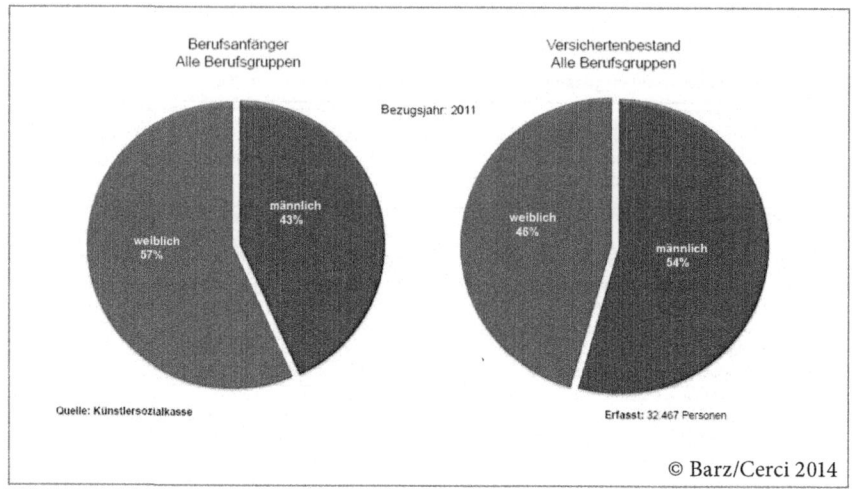

Abb. 7.1.4   Versicherte der Künstlersozialkasse

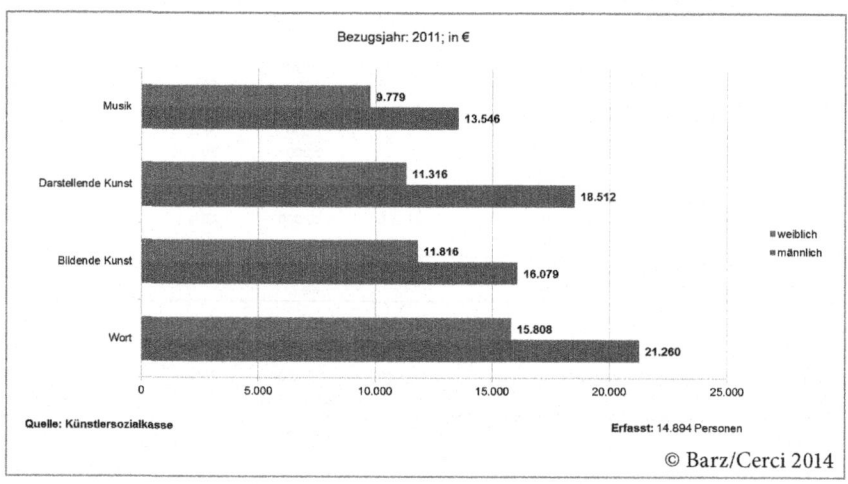

Abb. 7.1.5   Durchschnittseinkommen der KSK Versicherten in NRW – nach Sparten

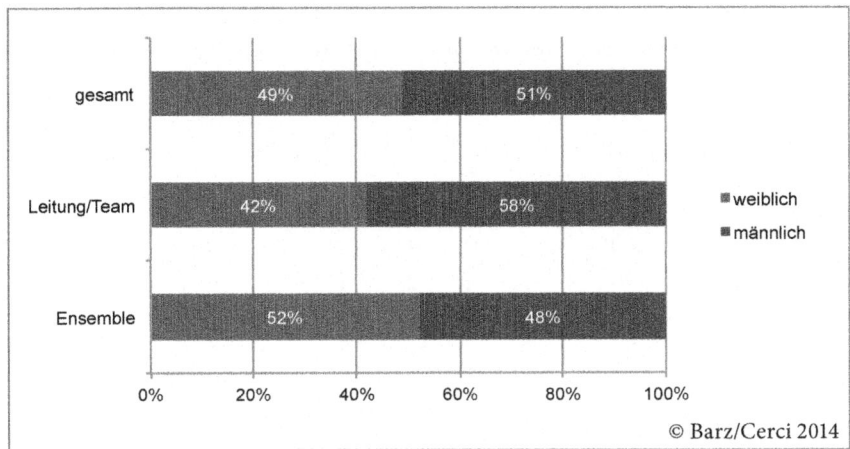

Abb. 7.1.6   Frauen in Tanzensembles in NRW – Städtische Ensembles

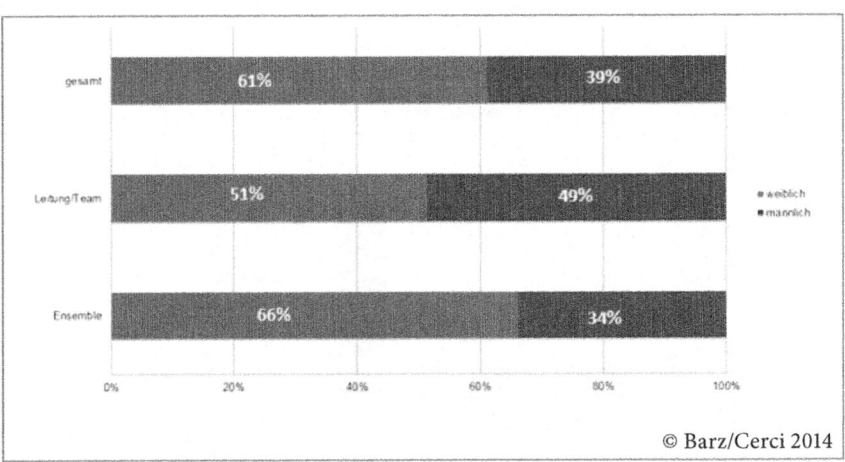

Abb. 7.1.7   Frauen in Tanzensembles in NRW – Selbständige Ensembles

Tabelle 7.1.3 Orchester-MusikerInnen nach Geschlecht (NRW; DOV, 2013)

Geschlecht	1. Violine	2. Violine	Bratsche	Celli	Bässe	Harfe	Flöte	Oboe	Klarinette	Fagott
m	119	77	85	86	87		25	42	55	48
w	142	124	72	19	64	20	47	32	18	18
Gesamt	261	201	157	105	151	20	72	74	73	66

Waldhörner	Trompete	Posaune	Tuba	Pauke	Schlagzeug	Chorsänger	Saxophon	Gitarre	Piano	Praktikanten	Gesamt
85	74	68	17	36	34	18	4	1	1	8	970
27	1	1			1	23	1			8	618
112	75	69	17	36	35	41	5	1	1	16	1588

7.1.2   Kultureinrichtungen

Filmfestivals – Preisträgerinnen

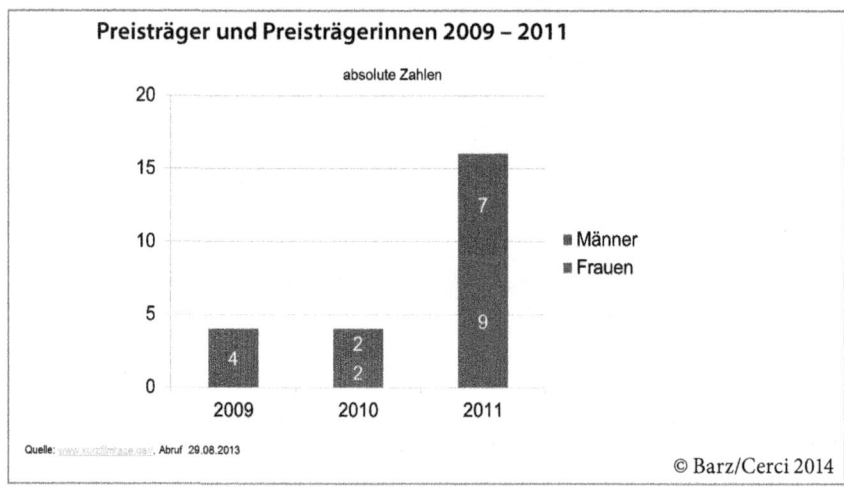

Abb. 7.1.8   Internationale Kurzfilmtage Oberhausen

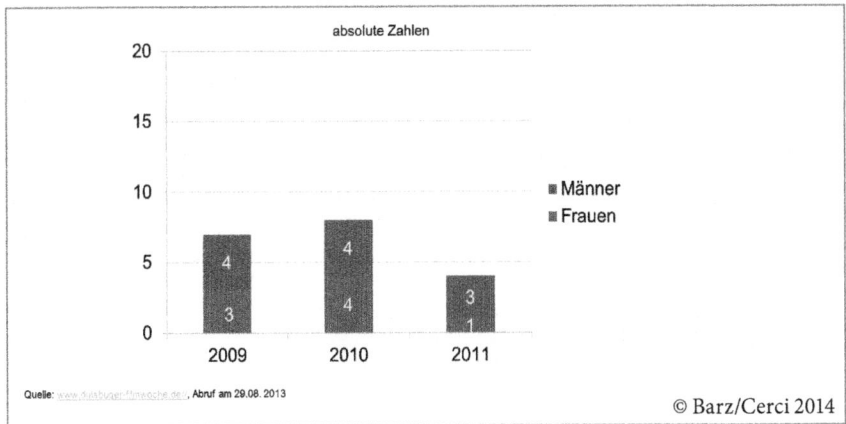

Abb. 7.1.9   Duisburger Filmwoche Preisträger und Preisträgerinnen 2009–2011

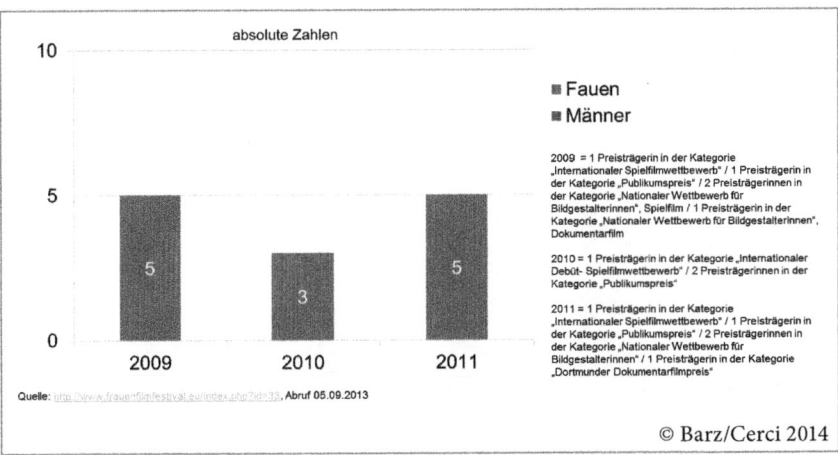

Abb. 7.1.10   Internationales Frauenfilmfestival Preisträger und Preisträgerinnen
2009–2011

Filmfestivals – Jury-Mitglieder

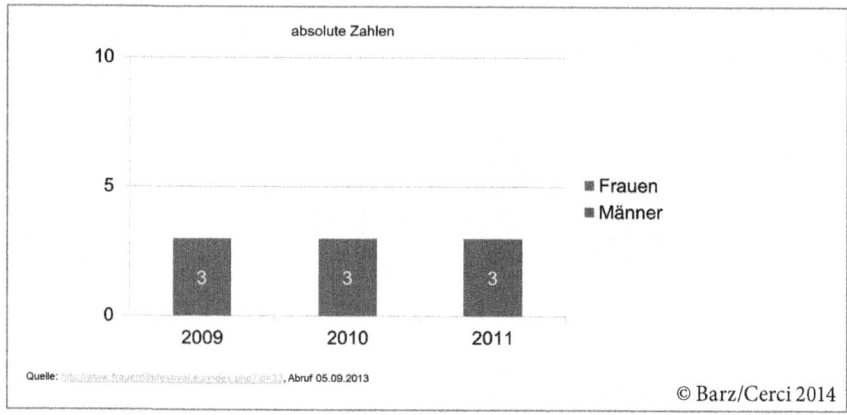

Abb. 7.1.11   Internationales Frauenfilmfestival Jury-Mitglieder der internationalen
                    Wettbewerbe 2009–2011

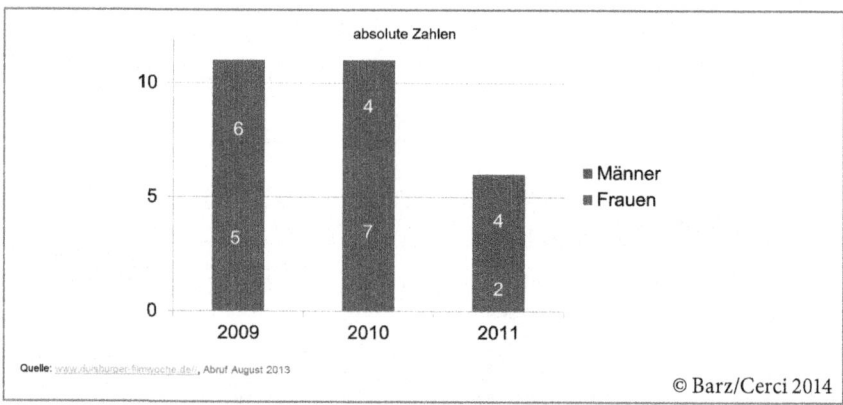

Abb. 7.1.12   Duisburger Filmwoche Jurymitglieder 2009–2011

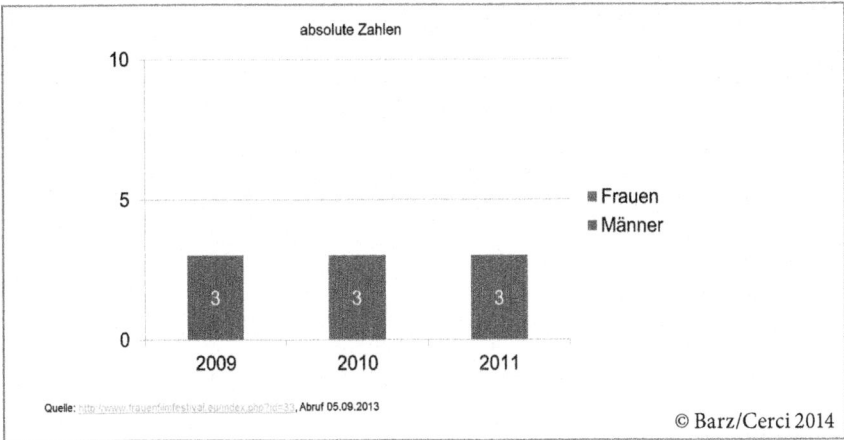

Quelle: http://www.frauenfilmfestival.eu/index.php?id=33, Abruf 05.09.2013

© Barz/Cerci 2014

Abb. 7.1.13 Internationale Kurzfilmtage Oberhausen Jurymitglieder „Internationaler Wettbewerb" 2009–2011

7.1.3   Künstlerinnenförderung

Tabelle 7.1.4   Förderpreis für junge Künstlerinnen und Künstler nach Sparten

absolute Zahlen

Sparte	2009		2010		2011	
	Frauen	Männer	Frauen	Männer	Frauen	Männer
Architektur	1	3	1	2	1	2
Bildende Kunst	0	2	1	1	1	1
Medienkunst	2	0	1	1	1	1
Musik	0	2	1	3	1	1
Theater/Oper/Tanz	1	1	2	0	1	1
Literatur	1	1	1	1	1	0
Film	2	0	1	1	2	0
Gesamt	7	9	8	9	8	6

Quelle: Ministerium für Familie, Kinder, Jugend Kultur und Sport des Landes Nordrhein-Westfalen, E-Mail vom 26.08.2013

absolute Zahlen

Sparte	2009		2010		2011	
	Frauen	Männer	Frauen	Männer	Frauen	Männer
Architektur	1	3	1	2	1	2
Bildende Kunst	0	2	1	1	1	1
Medienkunst	2	0	1	1	1	1
Musik	0	2	1	3	1	1
Theater/Oper/Tanz	1	1	2	0	1	1
Literatur	1	1	1	1	1	0
Film	2	0	1	1	2	0
Gesamt	7	9	8	9	8	6

Quelle: Ministerium für Familie, Kinder, Jugend Kultur und Sport des Landes Nordrhein-Westfalen, E-Mail vom 26.08.2013

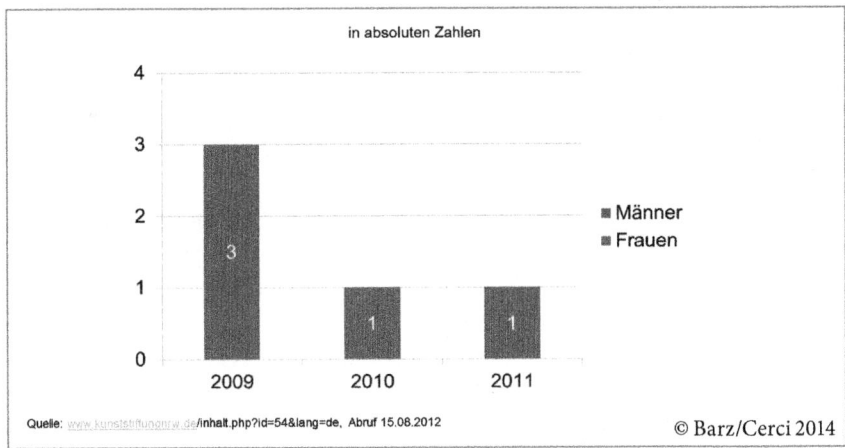

Abb. 7.1.14   Stipendien der Kunststiftung NRW – Tanz

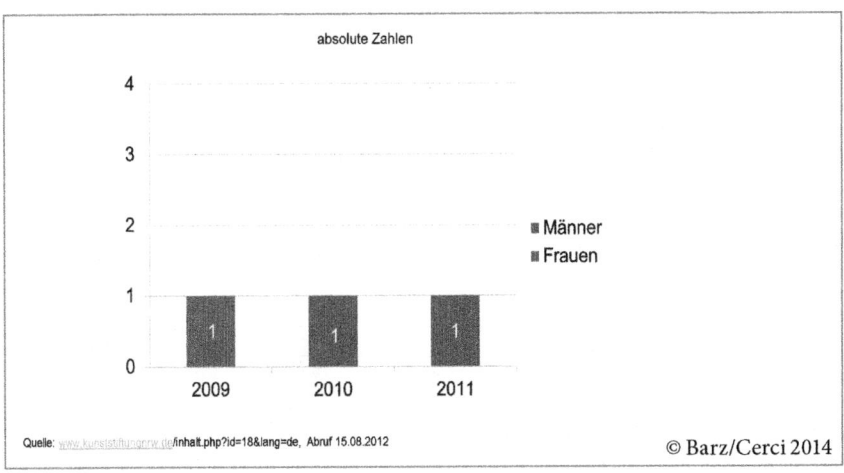

Abb. 7.1.15   Übersetzerpreis der Kunststiftung NRW

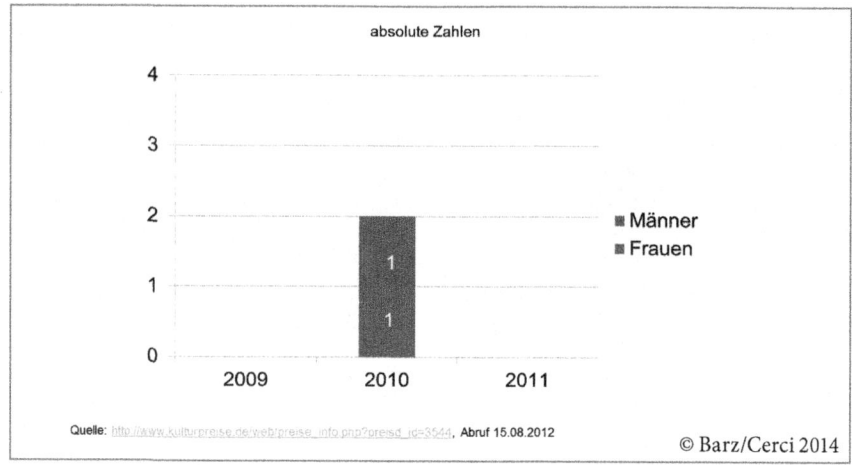

Abb. 7.1.16   Nam June Paik Award (Kunststiftung NRW)

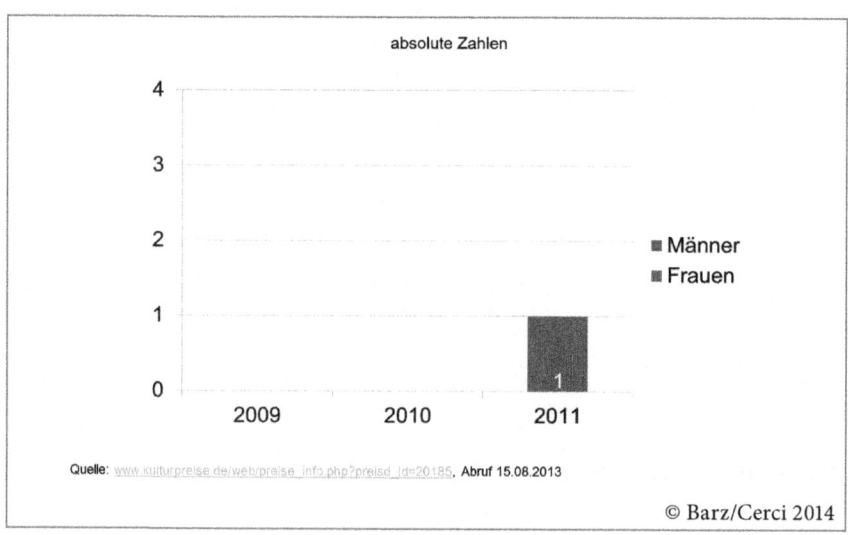

Abb. 7.1.17   Mauricio Kagel Musikpreis (Kunststiftung NRW)

Tabelle 7.1.5   Drehbuch und Stoffentwicklungsförderung der Film-und Medienstiftung
NRW 2009–2011

Jahr	Förderart	Frauen	Männer Anzahl	Insgesamt	Frauen %	Männer
2009	Drehbuch	5	16	21	23,8	76,2
	Stoffentwicklung	2	7	9	22,2	77,8
2010	Drehbuch	5	12	17	29,4	70,6
	Stoffentwicklung	6	20	26	23,1	76,9
2011	Drehbuch	5	17	22	22,7	77,3
	Stoffentwicklung	2	7	9	22,2	77,8
2009-2011	**Drehbuch**	**15**	**45**	**60**	**25,0**	**75,0**
	Stoffentwicklung	**10**	**34**	**44**	**22,7**	**77,3**

Quelle: Film- und Medienstiftung NRW, Jahresberichte 2009 – 2011 www.filmstiftung.de/publikationen/jahres-taetigkeitsbericht/, Abruf 15.08.2013

Tabelle 7.1.6   An Produktionsförderung der Film- und Medienstiftung
NRW 2009–2011 beteiligte Regisseurinnen

Jahr	Förderart	Frauen	Männer Anzahl	Insgesamt	Frauen %	Männer
2009	P1 Kinofilm	12	36	48	25,0	75,0
	P1 TV-Film	2	9	11	18,2	81,8
	P2 Low-Budget-Förderung	18	31	49	36,7	63,3
	Nachwuchsförderung	8	9	17	47,1	52,9
2010	P1 Kinofilm	12	39	51	23,5	76,5
	P1 TV-Film	1	11	12	8,3	91,7
	P2 Low-Budget-Förderung	11	16	27	40,7	59,3
	Nachwuchsförderung	10	14	24	41,7	58,3
2011	P1 Kinofilm	17	46	63	27,0	73,0
	P1 TV-Film	2	6	8	25,0	75,0
	P2 Low-Budget-Förderung	13	24	37	35,1	64,9
	Nachwuchsförderung	9	8	17	52,9	47,1
2009-2011	**P1 Kinofilm**	**41**	**121**	**162**	**25,3**	**74,7**
	P1 TV-Film	**5**	**26**	**31**	**16,1**	**83,9**
	P2 Low-Budget-Förderung	**42**	**71**	**113**	**37,2**	**62,8**
	Nachwuchsförderung	**27**	**31**	**58**	**46,6**	**53,4**

Quelle: Film- und Medienstiftung NRW, Jahresberichte 2009 – 2011 www.filmstiftung.de/publikationen/jahres-taetigkeitsbericht/, Abruf 15.08.2013

Tabelle 7.1.7 An Produktionsförderung der Film- und Medienstiftung
NRW 2009–2011 beteiligte Autoren

Jahr	Förderart	Frauen	Männer	Insgesamt	Frauen	Männer
		Anzahl			%	
2009	P1 Kinofilm	24	42	64	36,4	63,6
	P1 TV-Film	3	10	13	23,1	76,9
	Nachwuchsförderung	7	11	18	38,9	61,1
2011	P1 Kinofilm	18	50	68	26,5	73,5
	P1 TV-Film	0	18	18	0,0	100,0
	Nachwuchsförderung	/	/	/	/	/
2011	P1 Kinofilm	21	58	79	26,6	73,4
	P1 TV-Film	2	8	10	20,0	80,0
	Nachwuchsförderung	2	1	3	66,7	33,3
2009-2011	**P1 Kinofilm**	**63**	**150**	**213**	**29,6**	**70,4**
	P1 TV-Film	**5**	**36**	**41**	**12,2**	**87,8**
	Nachwuchsförderung	**9**	**12**	**21**	**42,9**	**57,1**

Quelle: Film- und Medienstiftung NRW, Jahresberichte 2009 – 2011 www.filmstiftung.de/publikationen/jahres-taeligseitsbericht/, Abruf 15.08.2013

Tabelle 7.1.8 Produktionsförderung*) der Filmstiftung NRW 2009–2011
nach Geschlecht

Förderung[1]	Produzent/Produktionsteam[2]								
	♂	♀	Gemischt	♂	♀	Gemischt	♂	♀	Gemischt
	2009			2010			2011		
	Anzahl								
Produktionsförderung P1	30	10	11	23	7	21	29	11	17
davon Kinofilm	25	6	11	16	6	19	25	8	16
davon TV-Film	5	4	0	7	1	2	4	3	1
Produktionsförderung P2	15	10	2	10	5	3	11	2	4
Insgesamt	45	20	13	33	12	24	40	13	21
	%								
Produktionsförderung P1	58,8	19,6	21,6	45,1	13,7	41,2	50,9	19,3	29,8
davon Kinofilm	59,5	14,3	26,2	39,0	14,6	46,3	51,0	16,3	32,7
davon TV-Film	55,6	44,4	0,0	70,0	10,0	20,0	50,0	37,5	12,5
Produktionsförderung P2	55,6	37,0	7,4	55,6	27,8	16,7	64,7	11,8	23,5
Insgesamt	57,7	25,6	16,7	47,8	17,4	34,8	54,1	17,6	28,4

*) Ohne P3-Förderung
1) In einigen Fällen waren keine Infos zu den Produzenten recherchierbar, weil z.B. der Film eingestellt wurde oder noch nicht veröffentlicht ist. 2009 betraf dies 9 Filme, 2010 14 Filme, 2011 16 Filme.
2) Gezählt wurde pro Film jeweils ob ein männlicher oder weiblicher Produzent bzw. ein rein männliches, weibliches oder gemischtes Produktionsteam vorlag
Quelle: Jahresberichte der Filmstiftung NRW, Recherche zu den ProduzentInnen/Produktionsteams auf www.filmportal.de, www.imdb.com oder auf den Film-/Förderseiten. Berücksichtigt sind die P1 und P2 Produktionsförderungen. Bei der P3 Förderung (Abschlussfilme, Nachwuchs) waren die Produzenten häufig nicht zu finden, sodass diese in der Darstellung nicht berücksichtigt wurden.com oder auf den Film-/Förderseiten der jeweiligen Filme (zuletzt eingesehen jeweils am 03.04.2014)

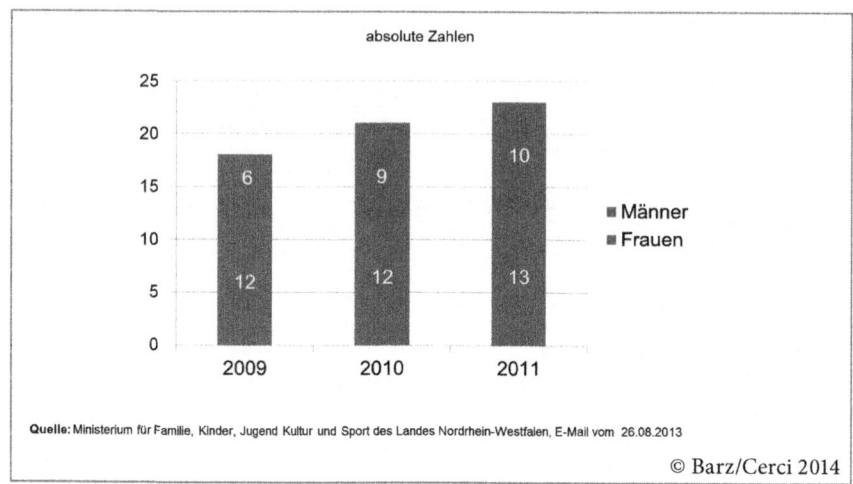

Abb. 7.1.18   Ehrensold des Landes NRW (Deutsche Künstlerhilfe)

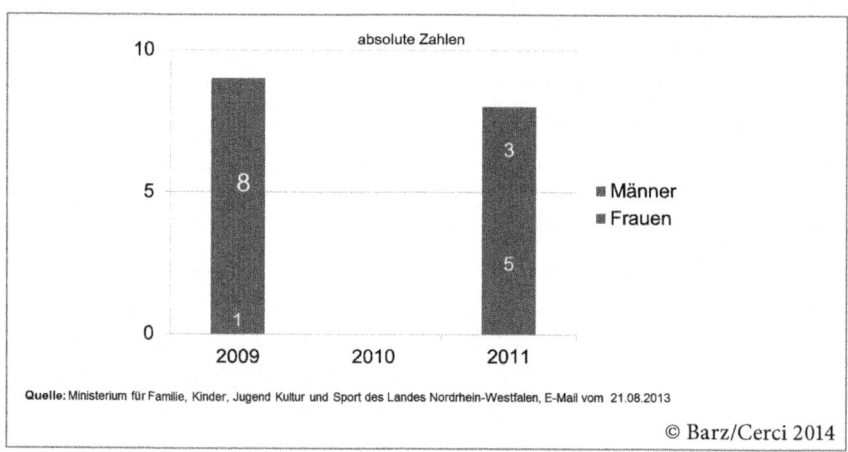

Abb. 7.1.19   Staatspreis für das Kunsthandwerk in Nordrhein-Westfalen 2009-2011

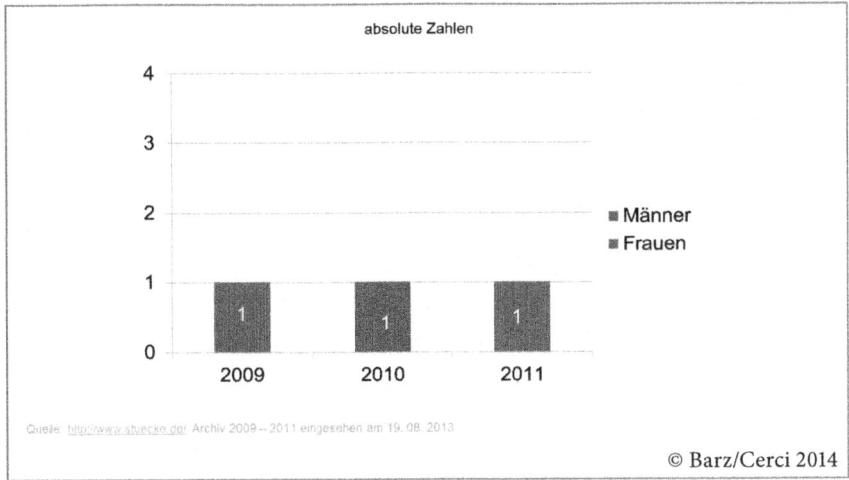

Abb. 7.1.20   Stücke-Preis (Mülheimer Dramatikerpreis)

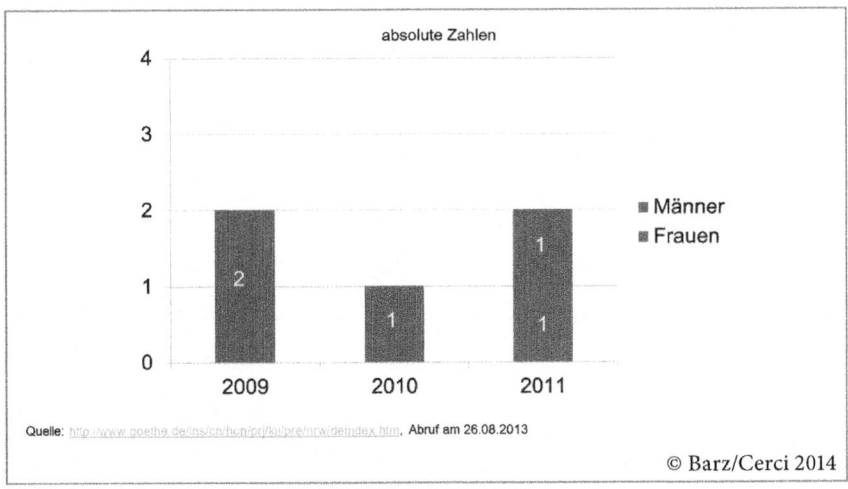

Abb. 7.1.21   Kinderbuchpreis des Landes Nordrhein-Westfalen 2009–2011

Tabelle 7.1.9 Arbeitsstipendien des Landes NRW

Jahr	Einrichtung	Frauen	Männer	Stipendiaten Insgesamt	Frauen	Männer
			Anzahl		%	
2009	Künstlerdorf Schöppingen	42	24	66	63,6	36,4
	Schloss Ringenberg	2	2	4	50,0	50,0
	Hartware MedienKunstVerein	1	-	1	100,0	-
	Frauenkulturbüro	-	-	-	-	-
	Orchesterakademie	7	1	8	87,5	12,5
	Gesamt	52	27	79	65,8	34,2
2010	Künstlerdorf Schöppingen	29	18	47	61,7	38,3
	Schloss Ringenberg	1	3	4	25,0	75,0
	Hartware MedienKunstVerein	1	-	1	100,0	-
	Frauenkulturbüro	5		5	-	-
	Orchesterakademie	6	2	8	75,0	25,0
	Gesamt	42	23	65	64,6	35,4
2011	Künstlerdorf Schöppingen	32	28	60	53,3	46,7
	Schloss Ringenberg	2	2	4	50,0	50,0
	Hartware MedienKunstVerein	1	-	1	100,0	-
	Frauenkulturbüro	-	-	-	-	-
	Orchesterakademie	5	1	6	83,3	16,7
	Gesamt	40	31	71	56,3	43,7
2009 - 2011	Gesamt	134	81	215	62,3	37,7

Quelle: MFKJKS, Künstlerdorf Schöppingen, Schloss Ringenberg, Hartware MedienKunstVerein, Frauenkulturbüro, Orchesterakademie

7.1.4 Kulturverwaltung

Tabelle 7.1.10 KulturdezernentInnen, KulturamtsleiterInnen und Personen in ähnlichen Ämtern in NRW – männlich/weiblich

Stadt	KulturdezernentIn Name	m/w	Quelle online
Aachen	Vakant	-	http://www.aachen.de/DE/stadt_buerger/ politik_verwaltung/behoerdenwegweiser/ organigr/index.html
Bielefeld	Dezernent/ Beigeordneter Dr. Udo Witthaus	m	http://www.bielefeld.de/de/rv/org_ verwaltung/dezernat2/
Bocholt	Vorstandsbereich 2 steht unter der Leitung des Ersten Stadtrats Thomas Waschki	m	http://www.bocholt.de/probuerger/ public/index.php?l=6&mr=20&o=18
Bochum	Dezernent/ Stadtrat Karl-Michael Townsend	m	http://www.bochum.de/C12571A3001D56CE/ vwContentByKey/W29A7AQ9674BOCM-DE/$FILE/Dezernatsverteilungslan_07_2013.pdf http://www.bochum.de/C125708500379A31/ vwContentByKey/W277VB3M433BOLDDE
Bonn	Beigeordneter Martin Schumacher Dezernent	m	http://www.bonn.de/rat_verwaltung_ buergerdienste/stadtverwaltung_im_ ueberblick/00549/
Bottrop	Willi Loeven Leiter Dezernat II	m	http://www.bottrop.de/vv/oe/dezernat2/ Dezernat_II.php
Castrop-Rauxel	Betrieb 1 - Öffentliche Ordnung, Sport und Kultur Beigeordneter Michael Eckhardt	m	http://www.castrop-rauxel.de/ Buergerservice_Politik_und_Verwaltung/ Verwaltung/Organisation/Organisationsplan.pdf
Dortmund	Dezernat 2: Stadtdirektor / Stadtkämmerer Jörg Stüdemann	m	http://www.dortmund.de/de/rathaus_und_ buergerservice/dezernatsuebersicht/ dezernat2/index.html
Duisburg	Der Beigeordnete Thomas Krützberg Leitet das Dezernat für Familie, Bildung, Kultur	m	http://www.duisburg.de/rathaus/rathaus/ verwaltungsvorstand/102010100000085939.php
Düren	Dezernat Personal, Jugend, Schule, Kultur und Integration, Bürgermeister Paul Larue	m	http://www.dueren.de/buergerservice/rathaus/ aemter-und-betriebe/dezernat-i/
Düsseldorf	Kulturdezernent / Beigeordneter Hans-Georg Lohe	m	https://www.duesseldorf.de/rathaus/vorstand/ index.shtml

Essen	Beigeordneter Andreas Bomheuer, Geschäftsbereichsvorstand für Kultur, Integration und Sport	m	http://www.essen.de/de/Rathaus/ Verwaltungsvorstand/ Verwaltungsvorstand_4.html
Gelsen-kirchen	Stadtrat Dr. Manfred Beck, Vorstandsbereich 4 – Kultur, Bildung, Jugend, Sport und Integration	m	http://www.gelsenkirchen.de/de/Politik/ verwaltungsvorstand.asp?Z_highmain=2&Z_ highsub=0&Z_highsubsub=0
Gladbeck	Vakant	-	http://www.gladbeck.de/Rathaus_Politik/Bu-ergermeister/Verwaltungsvorstand.asp? highmain=1&highsub=4&highsubsub=0
Hagen	Vorstandsbereich 4 Beigeordneter Thomas Huyeng	m	http://www.hagen.de/web/de/ hagen05/0506/050603/050603.html
Hamm	Dezernent und Ober-bürgermeister Thomas Hunsteger-Petermann	m	http://www.hamm.de/rathaus/ buergerservice/aemter-von-a-z/civserv.html? tx_civserv_pi1%5Bcommunity_ id%5D=1110000&tx_civserv_pi1%5Bmode% 5D=organisation&tx_civserv_pi1%5Bid% 5D=226&cHash=8ce34a18c9a8fa1beb88cd 8c777eeed4
Herford	nicht erkennbar, welches Dezernat für Kultur zuständig ist. Alle 4 Dezernenten sowie der OB männlich, zudem Geschäftsführer der Kultur Herford gGmbh ebenfalls männlich	m	http://www.herford.de/Rathaus-Politik/ Verwaltung http://www.herford.de/PDF/ Dezernatsverteilungsplan.PDF?ObjSvrID= 1050&ObjID=1526&ObjLa=1&Ext= PDF&WTR=1&_ts=1375863197
Herne	Dezernentin und Stadträtin Gudrun Thierhoff	w	http://www.herne.de/kommunen/herne/ttw. nsf/id/DE_Die_Stadtverwaltung_im_ Ueberblick
Iserlohn	Ressortleiter Kulturins-titute und Bürgermeister Dr. Peter Paul Ahrens	m	http://www.iserlohn.de/buergerservice-politik/buergerservice/verwaltungsvorstand. html
Köln	Dezernentin Susanne Laugwitz-Aulbach	w	http://www.stadt-koeln.de/buergerservice/ adressen/00058/
Krefeld	Geschäftsbereich IV – Beigeordneter Gregor Micus	m	http://www.krefeld.de/C1257455004E4FBF/ html/43A3EC7A733A97C4C125748300203D-F?opendocument
Leverkusen	Dezernent und Beigeord-neter Marc Adomat	m	http://www.leverkusen.de/vv/oe/orga/ 135/orga/47/145010100000013636.php

Lüden-scheid	Wolff-Dieter Theissen, Leitung Fachbereich 3 (u.a. auch Kultur und Denkmalschutz)	m	http://www.luedenscheid.de/buerger/rathaus/dezernate_aemter/117120100000016758.php
			http://www.kultursekretariat.de/index.php?id=155
			http://www.come-on.de/lokales/luedenscheid/susanne-conzen-uebernimmt-zwei-jahre-leitung-luedenscheider-galerie-2866626.html (Artikel von 4/2013)
Marl	Werner Arndt, hauptamtlicher Bürgermeister der Stadt Marl; ihm wird das Amt für Kultur und Weiterbildung zugeordnet	m	http://www.marl.de/marl-nach-themen/stadtverwaltung/verwaltungsleitung.html
			http://www.marl.de/virtuelle-verwaltung/stadt-marl/webseiten/rathaus.html?tx_civserv_pi1%5Bcommunity_id%5D=5562024&tx_civserv_pi1%5Bmode%5D=organisation&tx_civserv_pi1%5Bid%5D=44&cHash=3a35f8d22e
Minden	Joachim Meynert, Kulturdezernent / Fachbereich 1 Bildung, Kultur, Sport und Freizeit	m	http://www.minden.de/internet/page.php?naviID=7000167&typ=2&site=7000218
			http://www.minden.de/internet/page.php?site=14&id=7000718&rubrik=7000025
Mönchen-gladbach	Beigeordneter Dr. Gert Fischer, Dezernat IV: Bildung, Kultur, Sport	m	http://www.moenchengladbach.de/index.php?id=568
Mülheim an der Ruhr	Dezernat 5 „Bildung, Soziales, Jugend, Gesundheit, Sport und Kultur", Beigeordneter Ulrich Ernst	m	http://www.muelheim-ruhr.de/cms/dezernatsverteilungsplan1.html
Münster	Dezernat für Bildung, Familie, Jugend, Kultur und Sport, Beigeordnete: Stadträtin Dr. Andrea-Katharina Hanke	w	http://www.muenster.de/stadt/dezernat-4.php
Nettetal	Dezernat „Schule, Sport und Stiftungen" wird von Roland Peuten geleitet, in diesen Bereich fällt auch „Kultur in Nettetal – NetteKultur"	m	http://www.nettetal.de/C1257528003C1D3B/html/DA87D576DB0BBC91C12569D9002097B8?opendocument
Neuss	Dezernat 4 Fachbereich „Schule, Bildung, Kultur" Beigeordnete: Dr. Christiane Zangs	w	http://www.neuss.de/rathaus/stadtrat/neuss-dezernatsverteilungsplan-2013-03-01.pdf

Oberhausen	Dezernat 1 Fachbereich „Finanzen, Kultur", Stadtkämmerer Apostolos Tsalastras	m	http://www.oberhausen.de/427990 BED0D942EC9B28AECE5B685C42.php
Reckling-hausen	Dezernat 4, Fachbereich „Kultur und Weiterbil-dung" Frau Genia Nölle	w	http://www.recklinghausen.de/Inhalte/ Startseite/Rathaus_Politik/Rathaus_und_ Verwaltung/Dezernatsverteilungsplan.pdf
Remscheid	Kulturdezernent Dr. Christian Henkelmann, „Fachdezernat Bauen, Landschaftspflege und Kultur"	m	http://www.remscheid.de/vv/oe/3.00.php#tab-kontakt
Siegen	Geschäftsbereich II (Kul-tur, Jugend, Sport, Familie und Schule), Beigeordnete und Geschäftsbereichslei-terin: Babette Bammann	w	http://www.siegen.de/ols/page.sys/ orgaeinheit=147/285.htm telefonische Auskunft: (0271) 404-3040
Solingen	Kulturelles unterliegt der Zuständigkeit des Ober-bürgermeisters Norbert Feith	m	telefonische Auskunft: 0212/290 - 2407
Viersen	Beigeordneter / Kultur-dezernent Dr. Paul Schrömbges	m	http://www.kultursekretariat.de/index. php?id=177
Willich	Geschäftsbereich I/2: Schule, Sport, Kultur. Leitung der Geschäfts-bereichs: Bernd Hitschler-Schinhofen	m	https://www.stadt-willich.de/ C1256CFA0034B497/html/7F20234DF-D1178E6C1256CFC006CA973? opendocument https://www.stadt-willich.de/ C12574270025DE26/files/ verwaltungsgliederung.pdf/$file/ verwaltungsgliederung.pdf?Open Element
Witten	Kulturelles in der Zustän-digkeit der Bürgermeiste-rin Sonja Leidemann	w	telefonische Auskunft: 02302 581 24 01 http://www.witten.de/buergerservice-rat-amp-verwaltung/verwaltung/ verwaltungsvorstand.html
Wuppertal	Geschäftsbereich Kultur, Bildung & Sport Geschäftsbereichsleiter: Matthis Nocke	m	http://www.wuppertal.de/vv/oe/2.2.php# tab-kontakt http://www.wuppertal.de/pressearchiv/ meldungen-2010/maerz/102370100000210845. php

Zusammenstellung und Prüfung der Kulturdezernate mittels Internetrecherche sowie dem Nachschlagewerk „Deutschland kommunal" (Behrends 2013). Stand August 2013

7.1.5 Kunst- und Musikhochschulen

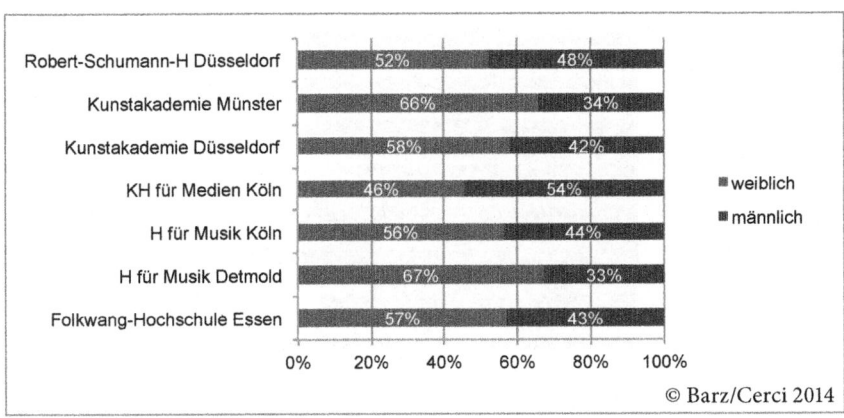

Abb. 7.1.22   Absolventen an Kunst- und Musikhochschulen in NRW

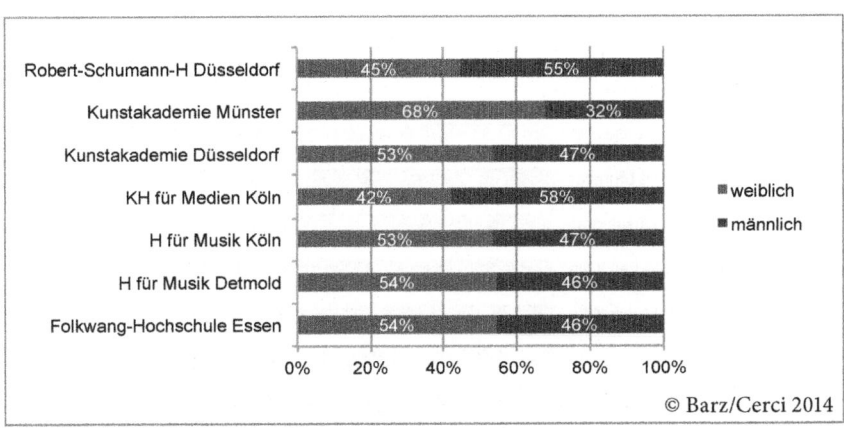

Abb. 7.1.23   Studierende an Kunst- und Musikhochschulen in NRW

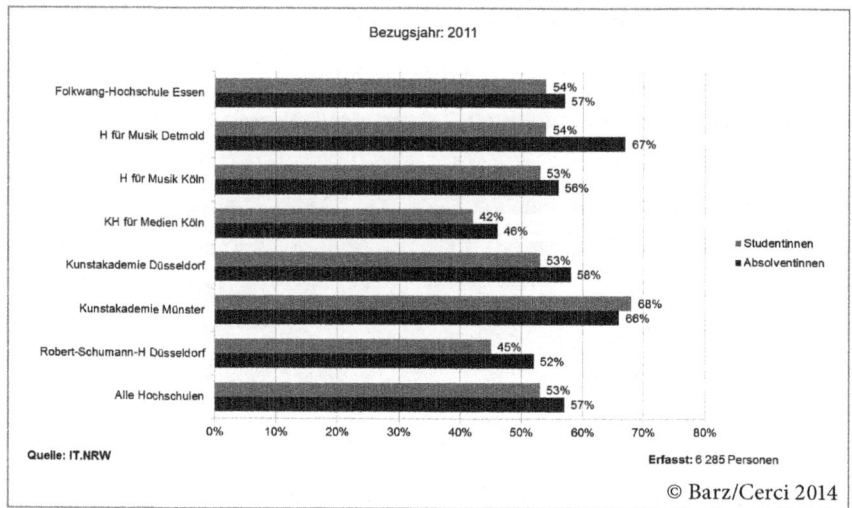

Abb. 7.1.24   Studentinnen und Absolventinnen an Kunst- und Musikhochschulen in
NRW

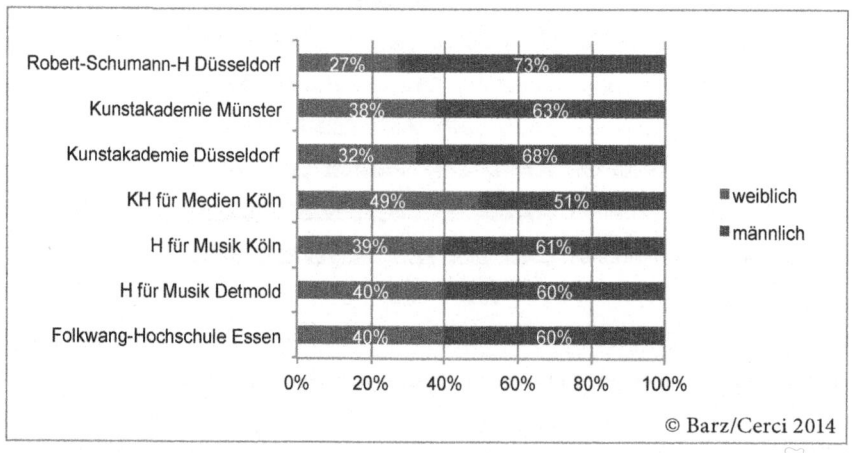

Abb. 7.1.25   Nebenberuflich Tätige an Kunst- und Musikhochschulen in NRW in %

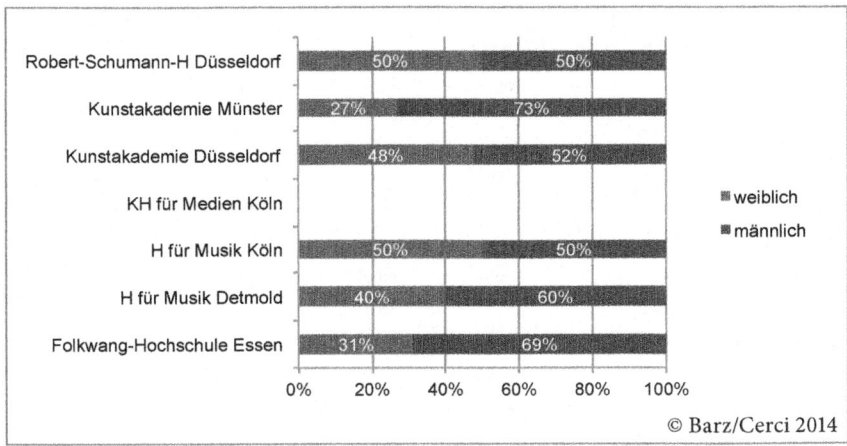

Abb. 7.1.26 Hauptberuflich Tätige an Kunst- und Musikhochschulen in NRW

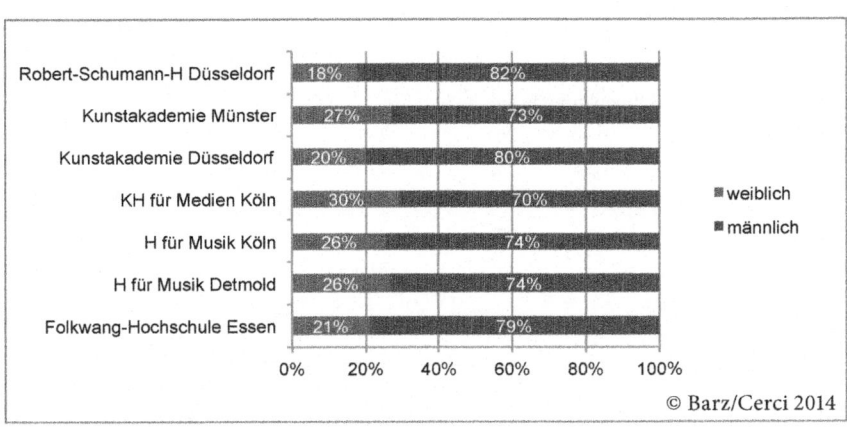

Abb. 7.1.27 Anteil der Professorinnen an Kunst- und Musikhochschulen in NRW

Tab. 7.1.11   Studierende – alle Hochschulen mit einschlägigen Studiengängen in
NRW (Quelle: IT.NRW)

	WS 2009/2010	WS 2010/2011	WS 2011/2012	WS 2012/2013
Angewandte Kunst				
Stud. Gesamt	2.487	2.600	2.695	2.734
davon Frauen in %	60,9	60,9	59,9	60,1
Architektur				
Stud. Gesamt	6.896	6.667	7.616	7.950
davon Frauen in %	55	56,1	55,7	56,7
Bibliothekswissenschaft/-wesen (nicht für Studierende an Verwaltungs-FH)				
Stud. Gesamt	405	404	408	386
davon Frauen in %	68,6	68,3	72,1	74,1
Bildende Kunst/Graphik				
Stud. Gesamt	547	630	725	768
davon Frauen in %	55,9	54,3	53,9	53,9
Bildhauerei/Plastik				
Stud. Gesamt	39	27	17	7
davon Frauen in %	61,5	59,3	52,9	42,9
Darstellende Kunst/Bühnenkunst/Regie				
Stud. Gesamt	269	260	270	242
davon Frauen in %	74,7	72,7	72,6	73,6
Dirigieren				
Stud. Gesamt	37	35	33	31
davon Frauen in %	29,7	31,4	33,3	29
Film und Fernsehen				
Stud. Gesamt	108	143	137	144
davon Frauen in %	38,9	39,2	37,2	34,7
Gesang				
Stud. Gesamt	278	304	282	224
davon Frauen in %	66,5	64,8	64,9	60,3
Graphikdesign/Kommunikationsgestaltung				
Stud. Gesamt	2.841	2.913	3.004	3.124
davon Frauen in %	52,9	53,5	54,1	55,4
Industriedesign/Produktgestaltung				
Stud. Gesamt	499	516	527	608
davon Frauen in %	51,7	52,1	48,6	56,4

Innenarchitektur				
Stud. Gesamt	681	696	724	654
davon Frauen in %	84,7	85,9	85,4	86,1
Instrumentalmusik				
Stud. Gesamt	1.529	1.642	1.665	1.716
davon Frauen in %	54,5	55,1	52,9	52,9
Interdisziplinäre Studien (Schwerpunkt Kunst, Kunstwissenschaft)				
Stud. Gesamt	-	4	12	40
davon Frauen in %	-	50	50	80
Interdisziplinäre Studien (Schwerpunkt Rechts-, Wirtschafts- und Sozialwissenschaften)				
Stud. Gesamt	-	909	1.128	1.375
davon Frauen in %	-	49,3	50,9	47,4
Jazz und Popularmusik				
Stud. Gesamt	285	296	316	182
davon Frauen in %	27,4	26,7	29,4	25,3
Kirchenmusik				
Stud. Gesamt	100	108	97	242
davon Frauen in %	56	50,9	56,7	57
Kommunikationswissenschaft/ Publizistik				
Stud. Gesamt	3.015	2.555	1.817	2.246
davon Frauen in %	60,5	59,7	56,8	58,8
Komposition				
Stud. Gesamt	63	60	65	135
davon Frauen in %	30,2	35	33,8	57
Kunsterziehung				
Stud. Gesamt	1.148	1.186	1.241	1.271
davon Frauen in %	80	81	80,7	80,3
Kunstgeschichte, Kunstwissenschaft				
Stud. Gesamt	2.251	2.260	2.336	2.558
davon Frauen in %	82,1	81,6	81	81,5
Malerei				
Stud. Gesamt	52	48	26	14
davon Frauen in %	80,8	89,6	88,5	50

Medienwirtschaft				
Stud. Gesamt	1.833	1.769	1.746	2.107
davon Frauen in %	54,4	54,6	55	56,8
Musikerziehung				
Stud. Gesamt	1.746	1.707	1.765	1.692
davon Frauen in %	54,6	55,2	53,3	51,5
Musikwissenschaft/-geschichte				
Stud. Gesamt	816	811	906	1.320
davon Frauen in %	46,9	47,6	46,6	45,2
Neue Medien				
Stud. Gesamt	350	369	337	28
davon Frauen in %	43,7	43,6	41,8	46,4
Orchestermusik				
Stud. Gesamt	61	66	69	1.365
davon Frauen in %	62,3	65,2	58	49,5
Raumplanung				
Stud. Gesamt	1.154	1.228	1.294	186
davon Frauen in %	44,6	46	48,7	78
Restaurierungskunde				
Stud. Gesamt	186	196	183	40
davon Frauen in %	78	79,6	81,4	55
Schauspiel				
Stud. Gesamt	79	79	85	43
davon Frauen in %	54,4	51,9	52,9	46,5
Tanzpädagogik				
Stud. Gesamt	-	2	1	122
davon Frauen in %	-	0	0	93,4
Textilgestaltung				
Stud. Gesamt	232	192	211	281
davon Frauen in %	96,6	95,8	94,8	83,6
Theaterwissenschaft				
Stud. Gesamt	437	387	343	176
davon Frauen in %	67,3	65,1	64,7	43,2
Tonmeister				
Stud. Gesamt	46	46	42	21
davon Frauen in %	19,6	21,7	16,7	47,6

eigene Darstellung mit Daten von IT.NRW (Hochschulstatistik, Referat 513; per eMail vom 12.9.2013)

© Barz/Cerci 2014

Tabelle 7.1.12 Absolventen – alle Hochschulen mit einschlägigen Studiengängen in NRW (Quelle: IT.NRW)

	WS 2009/2010	WS 2010/2011	WS 2011/2012	WS 2012/2013
Angewandte Kunst				
Stud. Gesamt	359	399	505	479
davon Frauen in %	65,6	65,9	64,6	65,8
Architektur				
Stud. Gesamt	1.597	1.657	1.349	1.279
davon Frauen in %	59,4	56,2	60	59,6
Bibliothekswissenschaft/-wesen (nicht für Studierende an Verwaltungs-FH)				
Stud. Gesamt	53	87	70	89
davon Frauen in %	73,6	77	71,4	73
Bildende Kunst/Graphik				
Stud. Gesamt	88	67	74	77
davon Frauen in %	64,8	59,7	59,5	63,6
Bildhauerei/Plastik				
Stud. Gesamt	7	11	10	8
davon Frauen in %	28,6	54,5	60	75
Darstellende Kunst/Bühnenkunst/Regie				
Stud. Gesamt	52	72	52	120
davon Frauen in %	82,7	76,4	75	66,7
Dirigieren				
Stud. Gesamt	3	3	9	11
davon Frauen in %	33,3	0	22,2	36,4
Film und Fernsehen				
Stud. Gesamt	18	13	15	10
davon Frauen in %	44,4	15,4	46,7	30
Gesang				
Stud. Gesamt	79	63	77	106
davon Frauen in %	68,4	73	62,3	67
Graphikdesign/Kommunikationsgestaltung				
Stud. Gesamt	586	560	575	611
davon Frauen in %	55,5	59,3	53,6	57,8
Industriedesign/Produktgestaltung				
Stud. Gesamt	128	95	103	104
davon Frauen in %	59,4	63,2	58,3	37,5

Innenarchitektur				
Stud. Gesamt	259	173	161	184
davon Frauen in %	84,6	85	90,7	88,6
Instrumentalmusik				
Stud. Gesamt	405	345	343	486
davon Frauen in %	60	60	60,1	58,2
Interdisziplinäre Studien (Schwerpunkt Kunst, Kunstwissenschaft)				
Stud. Gesamt	-	-	-	1
davon Frauen in %	-	-	-	0
Interdisziplinäre Studien (Schwerpunkt Rechts-, Wirtschafts- und Sozialwissenschaften)				
Stud. Gesamt	226	228	265	203
davon Frauen in %	48,2	48,2	52,5	55,2
Jazz und Popularmusik				
Stud. Gesamt	55	55	61	74
davon Frauen in %	21,8	25,5	29,5	32,4
Kirchenmusik				
Stud. Gesamt	31	31	25	20
davon Frauen in %	38,7	48,4	36	60
Kommunikationswissenschaft/ Publizistik				
Stud. Gesamt	684	722	626	538
davon Frauen in %	62,1	65,9	64,2	63,2
Komposition				
Stud. Gesamt	13	11	9	23
davon Frauen in %	23,1	18,2	33,3	13
Kunsterziehung				
Stud. Gesamt	194	158	188	172
davon Frauen in %	79,9	81,6	80,3	89
Kunstgeschichte, Kunstwissenschaft				
Stud. Gesamt	271	295	311	279
davon Frauen in %	87,8	87,5	90,4	88,9
Malerei				
Stud. Gesamt	26	11	4	17
davon Frauen in %	92,3	81,8	75	94,1
Medienwirtschaft				
Stud. Gesamt	497	474	469	404
davon Frauen in %	56,5	59,9	59,5	59,7

Musikerziehung				
Stud. Gesamt	259	281	306	350
davon Frauen in %	68,7	61,9	63,4	67,4
Musikwissenschaft/-geschichte				
Stud. Gesamt	64	70	68	118
davon Frauen in %	56,3	51,4	55,9	53,4
Neue Medien				
Stud. Gesamt	51	42	96	56
davon Frauen in %	43,1	50	45,8	48,2
Orchestermusik				
Stud. Gesamt	7	8	13	18
davon Frauen in %	71,4	75	53,8	55,6
Raumplanung				
Stud. Gesamt	142	114	183	250
davon Frauen in %	45,1	45,6	37,7	44,4
Restaurierungskunde				
Stud. Gesamt	28	46	84	61
davon Frauen in %	82,1	82,6	76,2	83,6
Schauspiel				
Stud. Gesamt	25	20	16	55
davon Frauen in %	64	55	50	54,5
Tanzpädagogik				
Stud. Gesamt	2	-	1	1
davon Frauen in %	100	-	0	0
Textilgestaltung				
Stud. Gesamt	62	81	-	47
davon Frauen in %	98,4	98,8	-	93,6
Theaterwissenschaft				
Stud. Gesamt	58	64	92	74
davon Frauen in %	65,5	75	65,2	75,7
Tonmeister				
Stud. Gesamt	3	6	6	3
davon Frauen in %	0	0	33,3	33,3

eigene Darstellung mit Daten von IT.NRW (Hochschulstatistik, Referat 513; per eMail vom 12.9.2013)

Tabelle 7.1.13 Wissenschaftlich-Künstlerisches Personal (ohne Studentische Hilfskräfte) an den Hochschulen in NRW nach Fachgebieten (Quelle: IT.NRW)

	2009	2010	2011	2012
Angewandte Kunst				
Personal Gesamt	5	2	2	2
davon Frauen in %	0	0	0	0
Architektur allgemein				
Personal Gesamt	338	386	456	481
davon Frauen in %	32,5	34,2	38,4	32,4
Bibliothekswissenschaft/-wesen (nicht für Verwaltungs-FH)				
Personal Gesamt	14	53	56	59
davon Frauen in %	28,6	52,8	50	49,2
Bildende Kunst allgemein				
Personal Gesamt	39	49	75	4
davon Frauen in %	38,5	46,9	45,3	35,9
Darst. Kunst, Film und Fernsehen, Theaterwissenschaft allgemein				
Personal Gesamt	89	93	22	26
davon Frauen in %	50,6	50,5	54,5	53,8
Darstellende Kunst				
Personal Gesamt	24	22	28	29
davon Frauen in %	41,7	45,5	50	48,3
Dirigieren				
Personal Gesamt	9	9	7	7
davon Frauen in %	11,1	11,1	14,3	14,3
Dokumentationswissenschaft				
Personal Gesamt	20	14	16	15
davon Frauen in %	45	21,4	25	20
Film und Fernsehen				
Personal Gesamt	20	16	56	51
davon Frauen in %	10	25	44,6	41,2
Gesang				
Personal Gesamt	131	154	125	117
davon Frauen in %	46,6	42,9	45,6	48,7
Graphikdesign/Kommunikationsgestaltung				
Personal Gesamt	68	72	73	69
davon Frauen in %	29,4	26,4	39,7	31,9

Industriedesign/Produktgestaltung				
Personal Gesamt	39	45	47	50
davon Frauen in %	17,9	20	19,1	20
Innenarchitektur				
Personal Gesamt	26	33	39	34
davon Frauen in %	34,6	33,3	33,3	41,2
Instrumentalmusik				
Personal Gesamt	227	262	220	219
davon Frauen in %	26,4	30,2	31,4	28,8
Interdisziplinäre Studien (Schwerpunkt Sprach- und Kulturwissenschaften)				
Personal Gesamt	13	16	1	4
davon Frauen in %	76,9	62,5	0,0	25
Jazz und Popularmusik				
Personal Gesamt	76	81	77	75
davon Frauen in %	11,8	9,9	10,4	9,3
Kirchenmusik				
Personal Gesamt	41	38	31	28
davon Frauen in %	12,2	7,9	9,7	10,7
Kommunikationswissenschaft/ Publizistik				
Personal Gesamt	54	104	131	112
davon Frauen in %	44,4	46,2	40,5	48,2
Komposition				
Personal Gesamt	11	13	10	10
davon Frauen in %	0	0	0	0
Kunst, Kunstwissenschaften allgemein				
Personal Gesamt	141	114	126	114
davon Frauen in %	52,5	50,9	49,2	52,6
Kunsterziehung				
Personal Gesamt	79	99	90	117
davon Frauen in %	46,8	48,5	50	52,1
Kunstgeschichte				
Personal Gesamt	68	106	91	108
davon Frauen in %	60,3	57,5	54,9	62
Malerei				
Personal Gesamt	32	36	31	31
davon Frauen in %	25	33,3	35,5	38,7

Medienwirtschaft/Medienmanagement				
Personal Gesamt	40	75	74	83
davon Frauen in %	30	18,7	31,1	30,1
Medienwissenschaft				
Personal Gesamt	90	135	139	158
davon Frauen in %	47,8	45,2	43,2	44,3
Musik, Musikwissenschaft allgemein				
Personal Gesamt	596	580	797	711
davon Frauen in %	29,7	34	34	32,9
Musikerziehung				
Personal Gesamt	114	162	101	92
davon Frauen in %	39,5	48,8	47,5	45,7
Musiktheater				
Personal Gesamt	19	19	22	24
davon Frauen in %	31,6	21,1	27,3	29,2
Musikwissenschaft, -geschichte				
Personal Gesamt	99	89	77	85
davon Frauen in %	29,3	25,8	28,6	30,6
Neue Medien				
Personal Gesamt	122	128	130	128
davon Frauen in %	38,5	38,3	40,8	39,1
Orchestermusik				
Personal Gesamt	19	39	1	4
davon Frauen in %	10,5	16,4	0	0
Plastik, Bildhauerei				
Personal Gesamt	23	30	30	27
davon Frauen in %	43,5	40	36,7	37
Raumplanung allgemein				
Personal Gesamt	55	53	56	57
davon Frauen in %	61,8	45,3	48,2	47,4
Restaurierungskunde				
Personal Gesamt	37	8	7	7
davon Frauen in %	59,5	75	42,9	71,4
Rhythmik				
Personal Gesamt	3	11	3	3
davon Frauen in %	100	72,7	66,7	66,7

Schauspiel				
Personal Gesamt	50	56	45	44
davon Frauen in %	36	37,5	33,3	38,6
Tanzwissenschaft				
Personal Gesamt	61	66	70	71
davon Frauen in %	44,3	45,5	50	50,7
Textildesign				
Personal Gesamt	32	39	38	42
davon Frauen in %	71,9	82,1	78,9	83,3
Theaterwissenschaft				
Personal Gesamt	6	8	26	28
davon Frauen in %	50	50	50	57,1
Werkerziehung (Gestaltung)				
Personal Gesamt	6	7	4	5
davon Frauen in %	66,7	57,1	50	60

eigene Darstellung mit Daten von IT.NRW (Hochschulstatistik, Referat 513; per eMail vom 12.9.2013)

© Barz/Cerci 2014

7.2   Online-Befragung

7.2.1   Personalstruktur

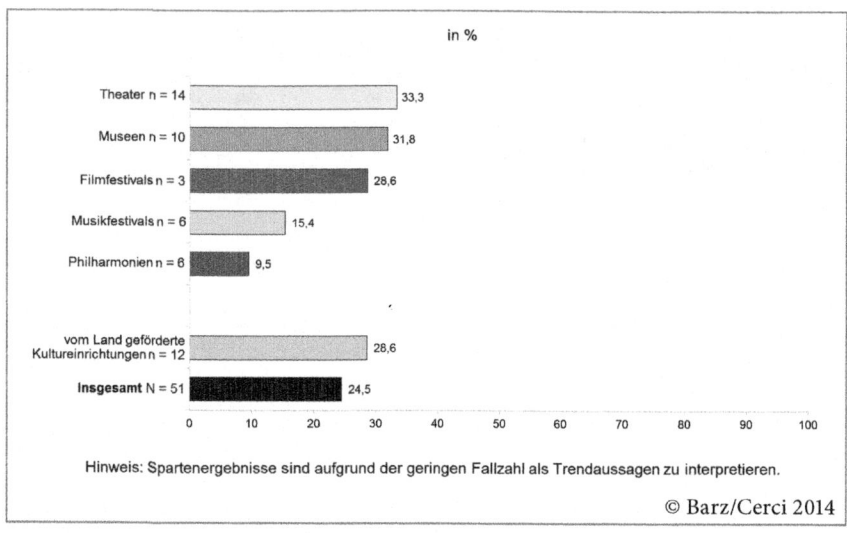

Abb. 7.2.1   Frauenanteil „Künstlerische Leitung"

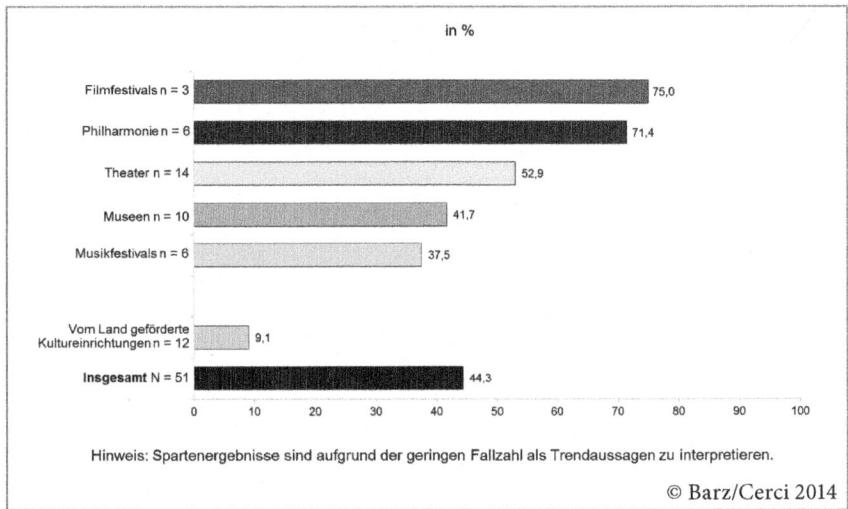

Abb. 7.2.2   Frauenanteil „Kaufmännische Leitung"

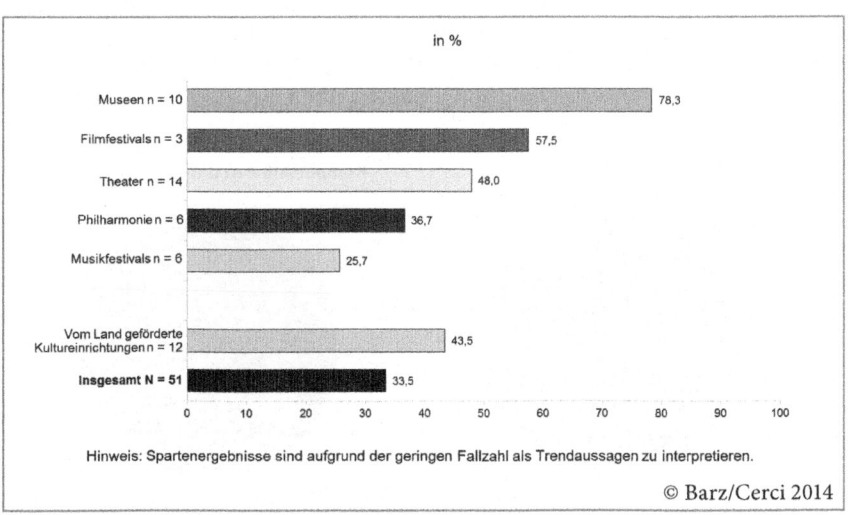

Abb. 7.2.3   Frauenanteil „Künstlerisches Personal"

7.2.2   Spartenspezifische Trendergebnisse

Theater

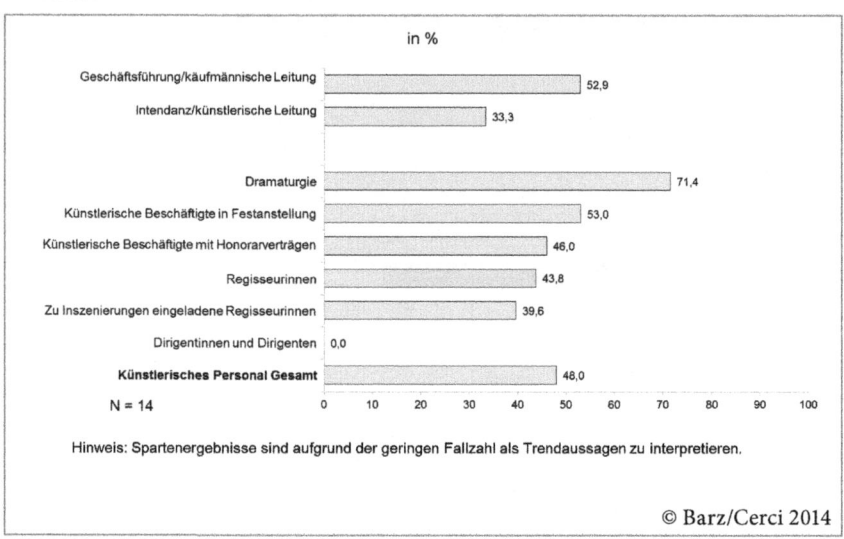

Abb. 7.2.4   Theater: Frauenanteil Personal

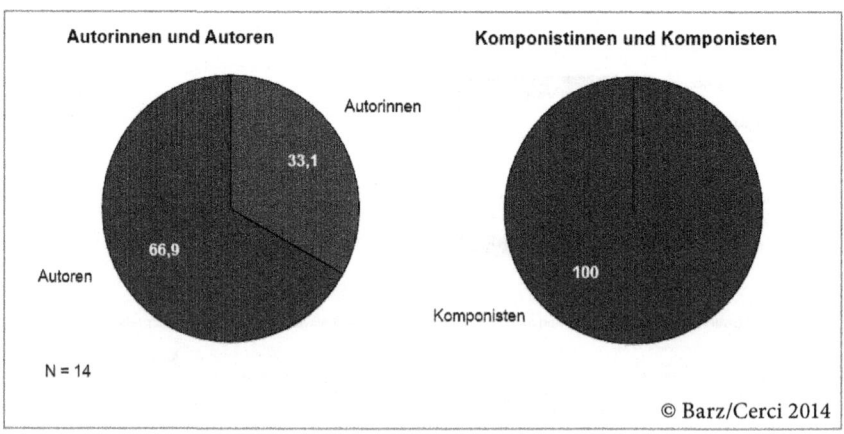

Abb. 7.2.5   Theater: Spielplan/Programm 2012/2013

Philharmonien

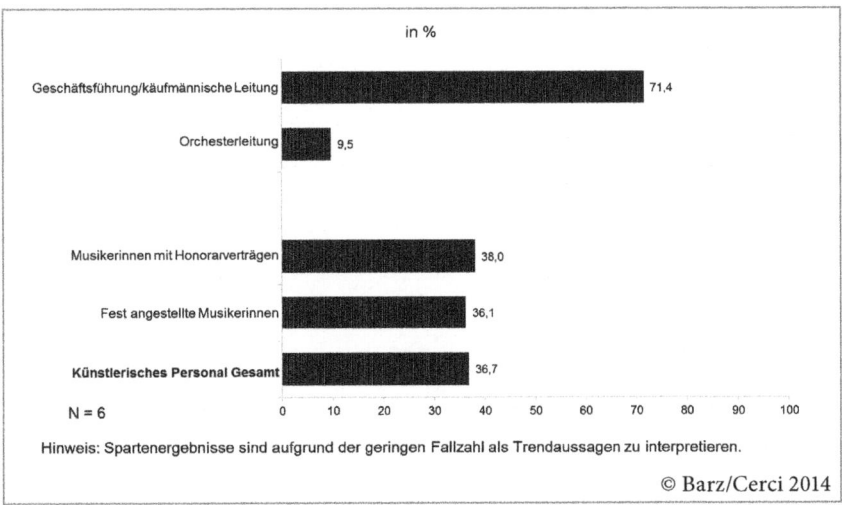

Abb. 7.2.6   Philharmonien: Frauenanteil Personal

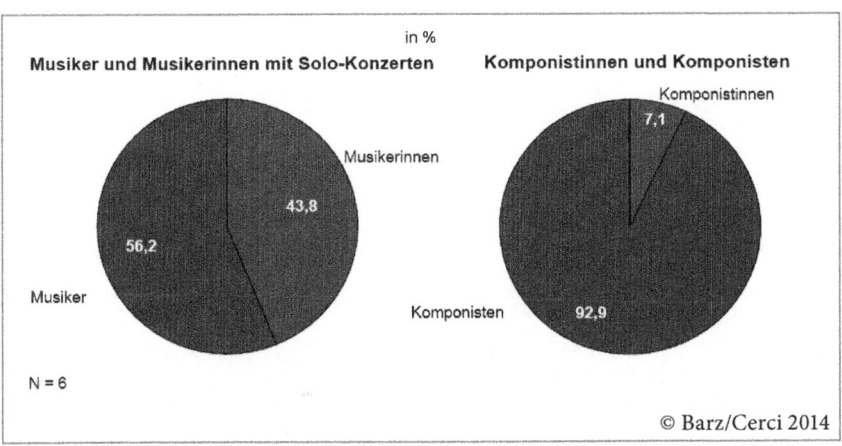

Abb. 7.2.7   Philharmonien: Spielplan/Programm 2012/2013

Musikfestivals

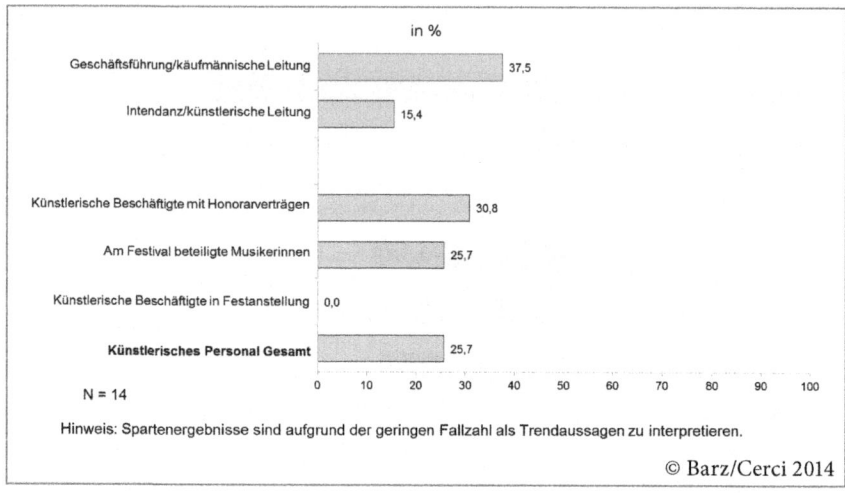

Abb. 7.2.8   Musikfestivals: Frauenanteil Personal

Museen

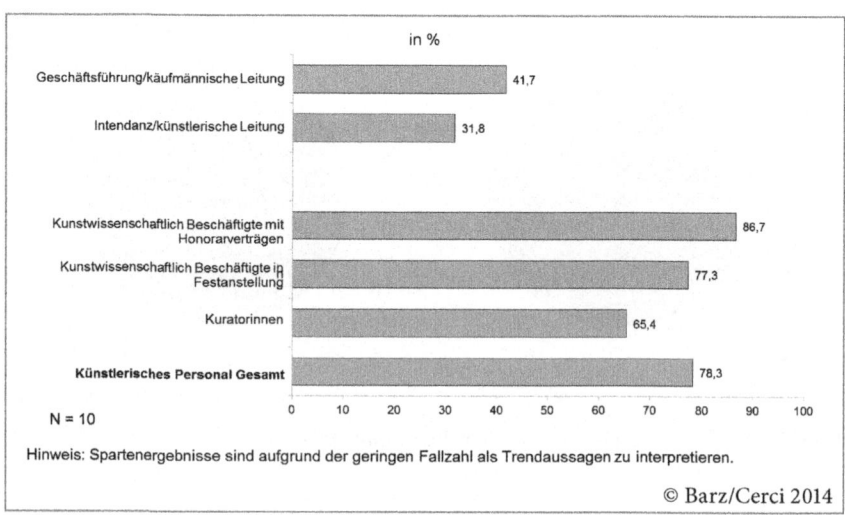

Abb. 7.2.9   Museen: Frauenanteil Personal

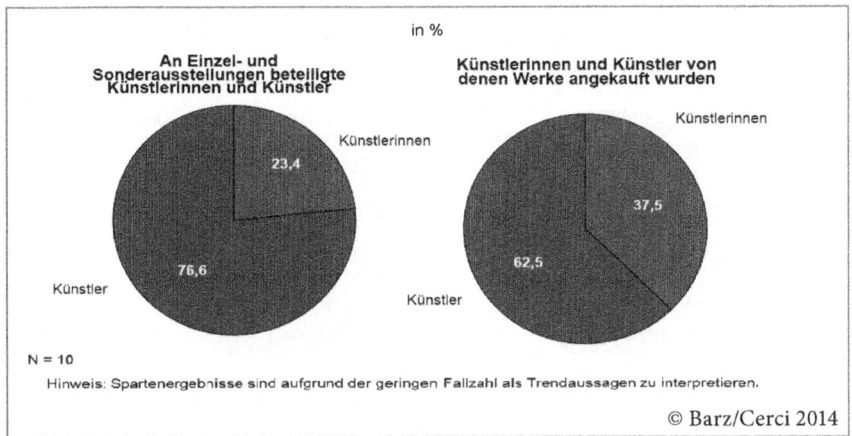

Abb. 7.2.10   Museen: Einzel-/Sonderausstellungen und angekaufte Werke im Jahr 2012

Filmfestivals

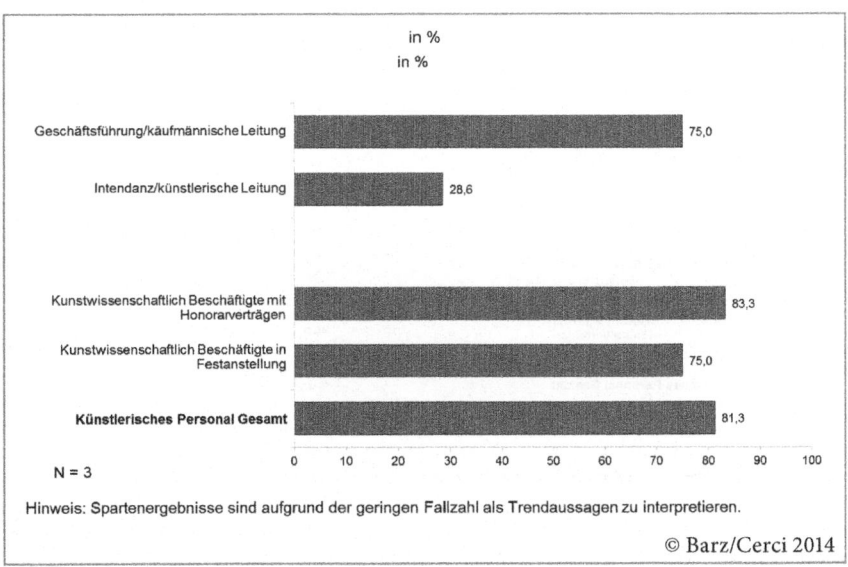

Abb. 7.2.11   Filmfestivals: Frauenanteil Personal

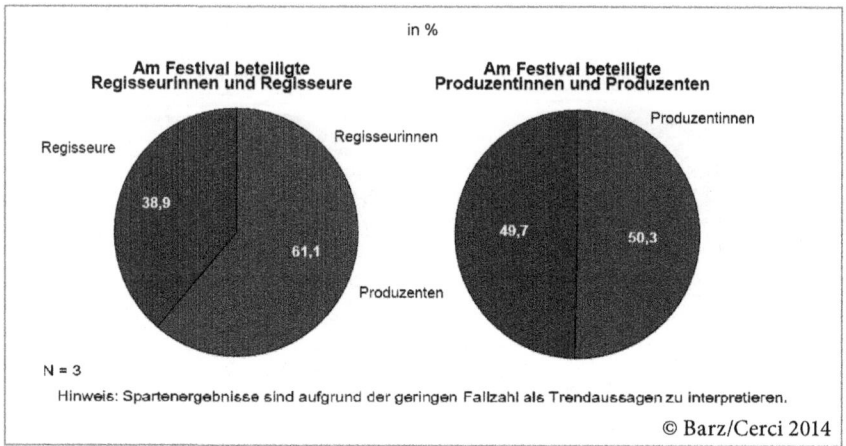

Abb. 7.2.12   Filmfestivals: Frauenanteil Künstlerinnen

Vom Land geförderte Kultureinrichtungen

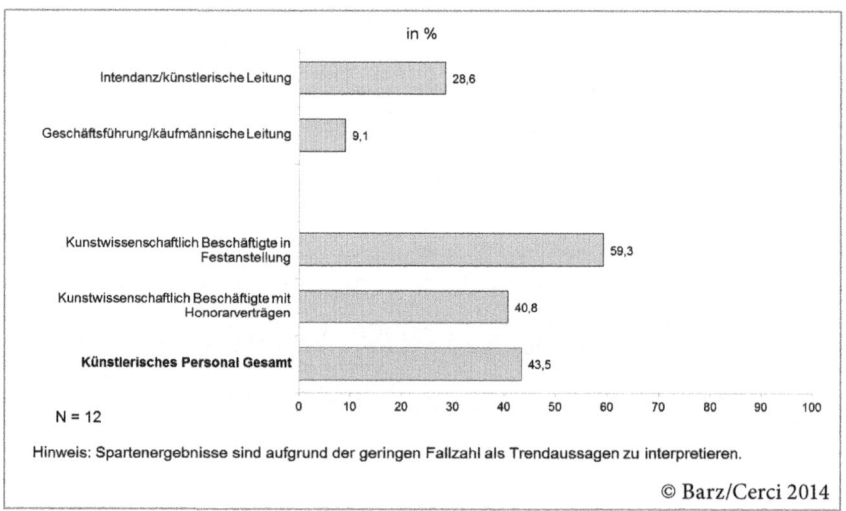

Abb. 7.2.13   Vom Land geförderte Kultureinrichtungen: Frauenanteil Personal

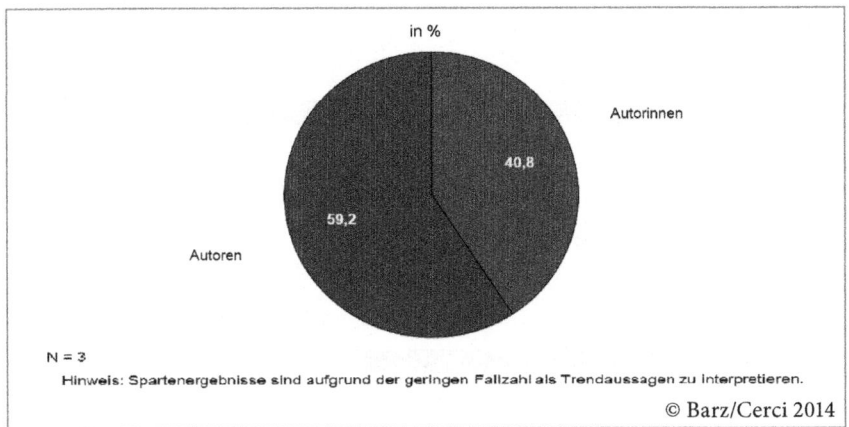

© Barz/Cerci 2014

Abb. 7.2.14   Literaturbüros: zu Lesungen eingeladene Autoren und Autorinnen im Jahr 2012

7.2.3   Statistik

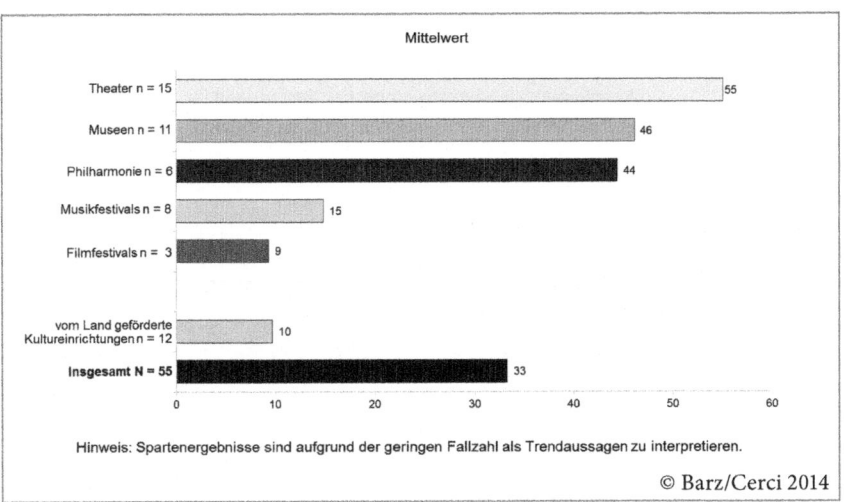

© Barz/Cerci 2014

Abb. 7.2.15   Statistik: durchschnittliche Anzahl Beschäftigte

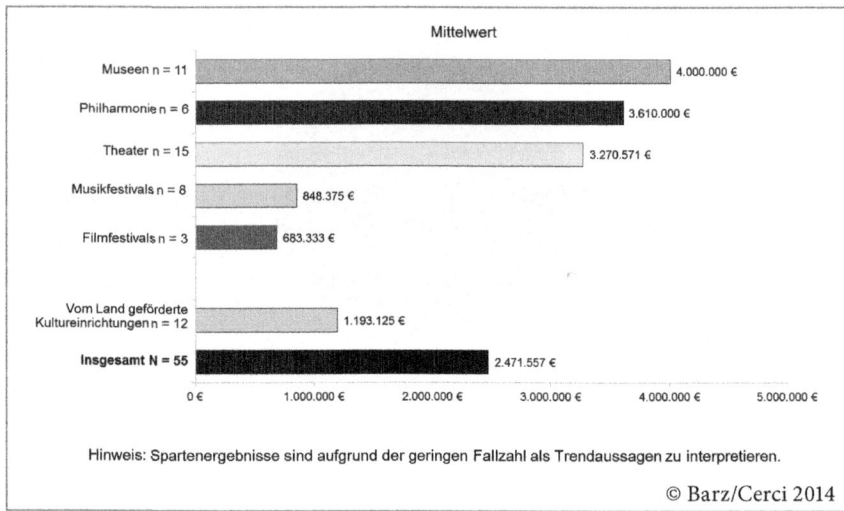

Abb. 7.2.16   Statistik: durchschnittliches Budget

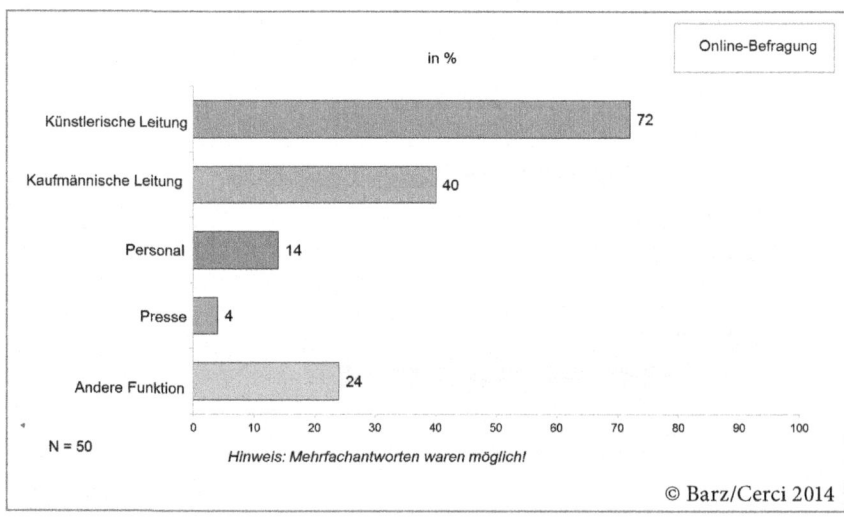

Abb. 7.2.17   Statistik: Funktionsbereich der teilnehmenden Person

7.2.4 Anonymisierte Original-Zitate

**Von den befragten Einrichtungen angegebene Maßnahmen zur
Personalentwicklung: *(Original-Zitate)***

- Vom Deutschen Bühnenverein angebotene Seminare für Führungskräfte, KBB,
  Kassenpersonal, Weiterbildungen für Theaterpädagogen und Dramaturgen,
  Tagungen und Seminare der Dramaturgischen Gesellschaft Tagungen und
  Vorträge bei den Intendantentagungen des Dt. Bühnenvereins, Weiterbildung
  für den kaufmännischen Bereich, Sicherheitsschulungen für Hausinspektor,
  Technische Leitung und Personal.
- U.a Konfliktmanagement, Nachhing, Weiterbildungen, (Sprache, Social Skills,
  Computer), Deutscher Orchestertag.
- Personalgespräche, hausinterne Schulungen, Möglichkeiten, externe Schulungen
  wahrzunehmen.
- Der Träger des X[41] schreibt ein Personalentwicklungskonzept laufend fort.
- Weiterbildungsprogramm der Bundeskulturstiftung zu Abrechnungsmodali-
  täten bei Projektanträgen, städtische Fortbildungsprogramme, Ausstellungs-,
  Messe- und Biennalebesuche im internationalen Maßstab.
- Verwaltungslehrgang für Verwaltungsmitarbeiterin zur Weiterqualifizierung.
- Teilnahme an Fortbildungsveranstaltungen und Seminaren gemäß dem per-
  sönlichen Profil.
- Jährliche Mitarbeitergespräche/Feedback-Gespräche, Fortbildungen.

**Welches sind aus Ihrer Sicht zentrale Herausforderungen für die Leitung
Ihres Hauses in den nächsten 10 Jahren? *(Original-Zitate)***

- Bestandssicherung.
- Umgang mit den finanziellen Sparprogrammen im Bereich Kultur.
  - › Demographischer Wandel beim Publikum.
  - › Neue Seh- und Ausgehgewohnheiten des Publikums/Stichwort neue Medien,
    SocialWeb.
  - › Wegfall der Printmedien als Kritikerorgan und Anzeigekunden.
  - › Verlagerung der Kommunikation ins Netz.

---

41 Angabe wurde aus Datenschutzgründen anonymisiert.

> Aufsplitterung in immer differenziertere Publikumsschichten (Alter, Geschlecht, Herkunft etc.).

> Bedeutung und Funktion von Theater innerhalb einer Stadt als Stadttheater und Kommunikationsort.

- Die finanzielle Absicherung.

- Was ich durch meine Antworten – das hängt aber von den gestellten Fragen ab – nicht zeigen konnte, wie sehr unser Betrieb überwiegend von Frauen getragen wird. Von den 15 fest Beschäftigten sind allein 10 weiblich. Auch während der Festspiele bleibt die Anzahl der Frauen unter den ca. 130 Beschäftigten sehr hoch. In diesem Sinne führen wir keine Diskussion um die Gleichstellung, sondern setzen diese einfach um. Es wird eine zentrale Herausforderung in den nächsten Jahren sein, das Festival finanziell zu stabilisieren. Künstlerisch steht es auf einem hervorragenden Niveau – finanziell ist es jedes Mal eine Gratwanderung. Die Mittel aus der öffentlichen Hand wachsen schon seit Jahren nicht, die Kosten wohl. Ohne die Steigerung unserer selbst erwirtschafteten Einnahmen hätte das Festival bis heute nicht überlebt.

- Die Finanzierung sichern.

  > Die Struktur den Inhalten und Finanzen anpassen.

  > Akzeptanz für moderne Formen der darstellenden Kunst im politischen Raum stärken.

  > Publikumsentwicklung (Besucherzahlen steigern und Vielfalt der Gesellschaft abbilden), Personalentwicklung (Vielfalt der Gesellschaft abbilden), internationale Produktionen verstärken.

- Schaffung neuer künstlerischer Netzwerke in NRW und bundesweit.

  > Beibehaltung guter Auslastungszahlen bei Modernisierung der Ästhetik.

- Zentrale Herausforderung der nächsten zehn Jahre wird sein, das Abbröckeln der öffentlichen Förderung des Theaters – der durch die Stadt und auch der durch das Land NRW – zu stoppen.

- Konsolidierung der Finanzen in Hinblick auf sozialverträgliche (für den Beschäftigten!) und angemessene Beschäftigungs- und Honorarverhältnisse.

  > Profilierung in der Schnittfläche der Programmschwerpunkte.

  > Professionelle Bühnenarbeit (schlecht gefördert) und Nachwuchs – respektive sozial intendierte Zielgruppenarbeit [Senioren/Inklusion/Migration] (vergleichsweise gut gefördert).

> › Bewahrung des Profils als lokal wie regional bedeutsames (Eigen-) Produktionshaus, Repolitisierung des freien Theaters jenseits der puren Behauptung, wach bleiben.

- Als freies Haus bangen wir stets um unser existenzielles Überleben. Wir versuchen den Spagat zwischen einem hohen künstlerischen Standard und bezahlbaren Mitarbeitern/Künstlern. Wir haben den Anspruch, aus der gegenwärtigen Lebenswirklichkeit von Kindern und Jugendlichen Kunst zu kreieren. Als Kinder- und Jugendtheater bieten wir sowohl künstlerische, als auch pädagogische Projekte. Der Gefahr des pädagogischen Überhangs gilt es nicht zu erliegen, da diese Seite finanziell mehr gefördert wird.

- Bessere finanzielle Absicherung der Arbeitsverhältnisse und der Projekte.

> › Regionale und überregionale Netzwerke schaffen um finanzielle Unterfinanzierungen etwas auszugleichen: Nachwuchsarbeit, die eine Mitnutzung/ Übernahme erarbeiteter Strukturen ermöglicht.

- Abgesicherte Förderung, verbesserte Produktionsbedingungen.

- Noch engere Publikumsbindung und -erweiterung.

> › Integration in breiteren Gesellschaftsschichten.

> › Bindung privater Geldgeber und Unternehmen.

> › Stärkung der Fundraising-Kultur in der gesellschaftlichen Wahrnehmung.

> › Kultur als Bildungsgut stärken.

- Die Finanzierung des Institutes sicherzustellen.

> › Neue Wege in der Kommunikation und Vermarktung der Institution zu finden und zu beschreiten.

- In Zeiten knapper Finanzmittel das Kulturangebot aufrechtzuhalten.

- Künstlerische Weiterentwicklung.

> › Modellprojekte kultureller Bildung entwickeln.

> › Versorgung NRW mit qualitativ hochwertiger neuer Musik.

> › Ausbildung junger Künstler.

> › Laboratorium für neue Kunst/Musikformen.

- Anspruchsvolle und attraktive Programmgestaltung bei gleichzeitiger Einhaltung von Haushaltsgrenzen.

> › Gewinnung von jungem Publikum.

> › Erhaltung und Ausweitung des Pools von Mitspielern.

- Schärfung des Profils der X[42].
  - › Herausstellen von USP der X[43], um Bedeutung und Attraktivität für Besucher/innen zu erhöhen.
  - › Ausbau der Stiftung zu einer beispielhaften Landesinstitution i.S.v. Vorbild-charakterbildung in den Bereichen Forschung, Bildung, Technik, dadurch Unterstützung anderer vergleichbarer Häuser.
  - › Nutzung und Ausbau der digitalen Kommunikation.
- Erschließung neuer Besucher/-innengruppen (Jugendliche, Menschen mit Migrationshintergrund).
- Sicherung der Einrichtung durch Aufbau von Stiftungskapital.
  - › Energetische Sanierung der Museumsgebäude.
  - › Inhaltliche Weiterentwicklung in die Zukunft.
- Neupositionierung, Profilschärfung, Neukonzeption der Dauerausstellungen.
  - › adäquate Magazinierung.
  - › Anpassung der Personalstruktur an neue Herausforderungen.
- Angesichts eines reduzierten Budgets Planungssicherheit erlangen.
  - › Probleme mit dem Museumsbau beheben.
  - › Verankerung des Museums in der Stadt und in der internationalen Museumslandschaft.
  - › Realisierung eines Ausstellungsprogramms voller Aktualität, Intensität und künstlerischer Qualität – Realisierung eines attraktiven Veranstaltungsprogramms.
  - › Pflege, Erforschung und Erweiterung des Sammlungsprogramms.
  - › Fortführung der vielfältigen Bildungs- und Vermittlungsarbeit.
  - › Akquise von Fördergeldern zur Umsetzung der Vorhaben.
  - › Zielgruppenorientierte Angebote zur weiteren Bindung des Stammpublikums und zur Gewinnung neuer und jüngerer Besucher.
- Qualität und Finanzierung sichern.
  - › Ein zunehmend durch Verengung der Ausbildung und neue Medien kanalisiertes Publikum ansprechen.

---

42 Angabe wurde aus Datenschutzgründen anonymisiert.
43 Angabe wurde aus Datenschutzgründen anonymisiert.

- Dass eine Finanzierung gewährleistet wird, die das Niveau und die Vielfalt des programmatischen Angebots der X[44] weiterhin ermöglicht.

- Organisatorische Flexibilisierung des Hauses im Hinblick auf größere wirtschaftliche Selbständigkeit und größeren Bewegungsspielraum beim Haushaltsvollzug.
  › Sicherung eines Kernbudgets für die Durchführung von Ausstellungsprojekten und den Ankauf von Kunstwerken für die Sammlung.
  › Herausarbeiten der zentralen Bedeutung der Sammlung des Hauses für die Identität des Museums.
  › Verzahnung zwischen Sammlung und Wechselausstellungen weiter verstärken.

- Erhalt des X[45] – Einbezug des jungen Publikums – interkulturelle Arbeit.

- Die stets aufs Neue problematische Jahres-Finanzierung zu sichern.
  › Den Personalstand zu sichern, ggf. auszubauen (auch bezüglich Frauenanteil).
  › Das Personal den Qualifikationen angemessen zu bezahlen.
  › Trotz schwieriger Finanzierungslage das gute bis sehr gute Niveau der organisierten Projekte im Großen wie im Kleinen zu halten.
  › Innovative Literaturveranstaltungen zu projektieren.

- Digitalisierung statt Print.
  › Interkulturalität.
  › Finanzierung in Zeiten der Schuldenbremse.

- Trotz dramatisch sinkender Kulturausgaben die Förderung und Entwicklung der kommunalen Kultur in NRW vorantreiben..

- Sicherung der Qualität bei unsicheren Haushaltsmitteln der öffentlichen Hand (Land und Kommunen).
  › Herausforderungen des demografischen Wandels bestehen.
  › Erhalt und Sicherung der bisherigen Angebotsstruktur durch interkommunale Kooperation.

- Balance zwischen künstlerischer Planung und finanziellen Rahmenbedingungen herzustellen.
  › Nachwuchsarbeit im Hinblick auf alle Publikumszielgruppen zu intensivieren.
  › Ausbau der Akquisition von Drittmitteln.
  › Politische Lobbyarbeit für das Festival.

---

44 Angabe wurde aus Datenschutzgründen anonymisiert.
45 Angabe wurde aus Datenschutzgründen anonymisiert.

> Einsatz für die Modernisierung der X[46] sowie Errichtung eines Festspielhauses..

- Sicherstellung des Etats und damit verbunden Qualitätsverbesserung inkl. Ausbau der pädagogischen Kinder- und Jugendarbeit.

  > Ausbau der Veranstaltungen in der Region X[47], Internationale Beziehungen.

- Sicherstellung des Budgets.

  > stets erneute Fokussierung der künstlerischen Ausrichtung.

  > Lebendiger Austausch mit dem Publikum.

  > Tragende Öffentlichkeitsarbeit.

- Existenz auf dem örtlichen Markt festigen.

  > Zielgruppenerweiterung.

  > Jugendarbeit verstärken.

- Unser Haus (Verein) dient uns, nicht wir dem Verein. Die Herausforderung ist, uns selbst zu fragen, was wir wirklich wollen und nicht, was von uns erwartet wird.

- Die Erschließung neuer Besuchergruppen.

  > Die Erschließung neuer Geschäftsfelder.

- Die Nachfolgeregelung der künstlerischen Leitung.

  > Untersuchung über die gleichberechtigte Teilhabe von Regisseurinnen und Produzentinnen an der Filmförderung des Bundes und der Länder.?

  > Erhebung von belastbarem Zahlenmaterial unter Berücksichtigung folgender Aspekte:

    > Wie viele Förderanträge werden anteilig von Frauen in den unterschiedlichen Genres gestellt

    > Wie viele dieser Anträge sind davon erfolgreich?

    > Wie viele Anträge werden abgelehnt?

    > In welcher Höhe wird von Frauen beantragt?

    > Wie hoch ist das Gesamtbudget der Förderung von Frauen gegenüber Männern?

    > Eine wichtige Aufgabe des Festivals wird darin bestehen, auf eine Quotierung der öffentlichen Förderung hinzuwirken.

- Zentrales Problem ist das Weiterbestehen bzw. die Finanzierung der Veranstaltung von Jahr zu Jahr.

---

46 Angabe wurde aus Datenschutzgründen anonymisiert.
47 Angabe wurde aus Datenschutzgründen anonymisiert.

- Neuorganisation der grundsätzlichen Struktur.
  › Klarere Positionierung und deutlich definierte Aufgabenfelder.
  › Entwicklung zeitgemäßer Förderstrukturen.
- Erhaltung der Expertise/des Wissens trotz Personalwechsel.
  › Wechsel zu einem effektiveren Verwaltungssystem mit verbessertem Workflow.
  › Implementierung eines Qualitätsmanagement-Systems.
  › Absicherung der Finanzierung steigender Kosten aufgrund der Energiekosten/ Personalkosten-Entwicklung trotz stagnierender öffentlicher Förderung.
- Wirtschaftliche Absicherung.
  › Verhinderung von Kürzungen.
- Der Wandel in der Kinolandschaft und die Konkurrenz durch das Internet erfordern eine neue Veranstaltungsstruktur.
- Die zentrale Herausforderung besteht für unser Haus im fortschreitenden Generationswechsel des Publikums/der Nutzer. Da unser Haus – wie andere Einrichtungen auch – Teil der Erinnerungskultur in NRW zum Thema Totalitarismus/NS-Regime/2. Weltkrieg und dessen Folgen ist, muss die zukünftige Arbeit insbesondere daran orientiert werden, dass die sogenannte Erlebnisgeneration in Kürze vollständig geschwunden sein wird. Schwerpunkt der Arbeit muss demnach die didaktisch gut durchdachte Arbeit mit jüngeren Menschen sein, für die bereits die Beendigung der Teilung Europas und Deutschlands am Ende des Kalten Krieges Geschichte ist, mit der sie keine unmittelbare Berührung mehr haben konnten. Gleichwohl erscheint aber die Kenntnis der fundamentalen Umbrüche, die Europa im 20. Jahrhundert erfahren hat, als wichtige Grundlage zum Verständnis der Lage Europas in der Gegenwart. Grenzenlosigkeit und Freiheit sind nicht so selbstverständlich wie sie insbesondere in Schengen-Europa heute erscheinen mögen. Das Bewusstsein dafür muss jungen Leute vermittelt werden, die Europa weiterbauen sollen, auch und gerade weil die Euro-Krise die wohl zentrale Erfahrung der jungen Generation in der Gegenwart ist und so die Anziehungs- und Überzeugungskraft der Idee der europäischen Einigung in Frieden und Freiheit gefährdet.

Im Folgenden finden Sie eine Liste von Handlungsfeldern bzw. Maßnahmen, die wichtig sein können für die Zukunftsgestaltung. Wie wichtig bzw. weniger wichtig sind aus Ihrer Sicht die folgenden Maßnahmen für die Entwicklung Ihres Hauses in den nächsten 10 Jahren? *(Original-Zitate)*

Sonstiges, und zwar *(freies Textfeld)*

- Unseren Mitarbeitern eine angemessene Entlohnung zu bieten.
- Partizipation/Inklusion/Barrierefreiheit.
- Austausch mit (internationalen) Hochschulen, Akademien, Forschung und Wissenschaft.
- Kooperation mit den Niederlanden aufgrund geografischer Nähe.
- Der Punkt Chancengleichheit von Frauen und Männern wirkt in der Liste recht fremd.
- Ausbau von Fachbesuchergruppen.
- Belastbares Zahlenmaterial, siehe Seite zuvor.
- Steigerung des Budgets um mindestens 200%.
- Effektiveres Verwaltungssystem.

Haben Sie abschließend noch Fragen, Anregungen oder Hinweise zur Befragung oder zum Thema „Chancengleichheit von Frauen und Männern in Kunst und Kultur"? *(Original-Zitate)*

- Es sollte ein Bonussystem von der Landesregierung eingerichtet werden, mit dem Kultureinrichtungen belohnt werden, die sich für die Chancengleichheit von Frauen und Männern besonders engagieren. Punktesystem wie bei einer Versicherung. Mögliche Kriterien könnten sein: Vereinbarkeit von Beruf und Familie (Arbeitszeiten, Sabatical, Kinderbetreuung) / Frauen in der Führungsetage und ihre Förderung/Gleichstellungsprogramme und/oder -projekte.
- In der Antwort auf zukünftige Herausforderungen habe ich bereits zum Fragenkatalog Stellung bezogen.
- Ich denke, der Bereich der Darstellenden Künste ist gesellschaftlich eher recht weit fortgeschritten in der Gleichstellung und Chancengleichheit der Geschlechter: Die Gründe für verbliebene Unterschiede (in Leitungspositionen evtl.!?) sind eher nicht branchenimmanent zu suchen.
- Im Kinder- und Jugendtheaterbereich arbeiten verhältnismäßig viele Frauen. Wir wünschen uns mehr Männer in der Theaterpädagogik. Dies wird sich erst ändern, wenn sich Bezahlung, sowie Arbeitsverhältnis (vom freien in den festen Status) ändert. Das gesellschaftliche, politische Ansehen von Kinder- und Jugendtheater spielt dabei eine wesentliche Rolle!

- Es handelt sich bei unserem Museum um eine Einrichtung zur X[48], daher haben wir keine Kunstwissenschaftler/-innen beschäftigt, sondern Historiker/-innen, Kunsthistoriker/-innen, Naturwissenschaftler/-innen etc. Frage zu Künstler/-innen bezüglich Einzel- und Sonderausstellungen und zum Ankauf ihrer Werke zu unspezifisch, konnte daher nicht beantwortet werden. Wir machen v.a. kulturhistorische Ausstellungen und keine Kunstausstellungen.
- Ein großes Problem scheint mir die männliche Dominanz in den Gremien (Machterhalt), wobei im operativen Geschäft die Frauen aktiv sind. Ein weiterer Konflikt ist der Generationenkonflikt zwischen analoger Welt (Gremien) und digitaler Welt (operatives Geschäft) sowie wenig inhaltlicher Diskussion in Gremien. Mehr Diskurs statt Präsentation wäre förderlich.
- Natürlich sollten Frauen und Männer grundsätzlich die gleichen Chancen zur Entwicklung ihrer Persönlichkeit haben. Die Gefahr solcher Umfragen wie dieser besteht allerdings darin, dass die Fokussierung auf Proporz- und Quotendenken zu falschen Schlüssen hinsichtlich der tatsächlichen Kooperation zwischen beiden Geschlechtern führen kann. Anders gesagt: da, wo es gut läuft, spielt die Frage, ob Frau oder Mann agiert, eine sehr nachgeordnete Rolle. Treten allerdings Probleme auf, fallen die Beteiligten schnell in die jeweiligen Rollenklischees zurück und bilden ihre dann oft konfrontativen Netzwerke aus. Die Erfassung dieser qualitativen Unterschiede ist wahrscheinlich nur durch Fallbeispiele zu leisten, die die quantifizierbare Erfassung ergänzen sollten.
- In dem Bereich, in dem ich arbeite, spielen Frauen seit langem eine wichtige Rolle. Wir streben Gleichstellungsmaßnahmen in der musealen Ausstellungspraxis nicht explizit an, verwirklichen sie aber aus Gründen der Selbstverständlichkeit.
- Hinweis zur Beantwortung der Frage künstlerische Leitung/kaufm. Geschäftsführung, wo einmal Mann, einmal Frau eingetragen wurde. Leiter und seine Stellvertreterin teilen sich beide Bereiche!
- Die Fragen nach den Handlungsfeldern sind fast durchgängig soziokulturell dominiert. Diese Fragen sind wichtig, aber einseitig. Auf fast allen Gebieten sind wir ohnehin unterwegs. Zielgruppen ausbauen, wie Sie es nennen, wollen wir nicht, wohl aber sie erreichen.
- NEIN!
- Alle Mitarbeiter (Mitglieder des Vorstandes) arbeiten ehrenamtlich (also auch ohne jegliche Aufwandsentschädigung. Nur die Interpreten erhalten eine geringe Entschädigung)
- Bei unseren Gastchören haben wir bei den Künstlerischen Leitungen bei der vorletzten Biennale 50% Anteil von Frauen gehabt; bei der soeben zu Ende ge-

---

48 Angabe wurde aus Datenschutzgründen anonymisiert.

gangenen Internationalen Chorbiennale sogar 75% – und zwar ohne, dass dies in irgendeiner Weise geplant oder gewollt gewesen ist.

- Dieses Thema wird im Haus schon angesprochen, da wir aber nicht sehr groß sind und der größte Teil unserer Mitarbeiter Aushilfen in der Gastronomie oder im Kino sind, wird das Thema Gleichberechtigung zwischen Frauen und Männern in unserem Haus bei Neubesetzungen der Teilzeit und Vollzeit beschäftigten groß geschrieben. Durch unsere Größe gehen wir hier nicht nach Geschlecht sondern nach Qualifikation und Charaktereigenschaften. Der Betrieb wird sehr Familienbezogen geführt, dadurch wird die Teamgemeinschaft stark in den Vordergrund gestellt, diese ist geschlechtsunabhängig. Hier zählt halt Teamfähigkeit und Flexibilität in erster Linie.
- Wenn überhaupt, sollten Frauen in Zukunft die Leitungen in Kunst und Kultur übernehmen. Männer brauchen mehr Hingabe an die Kunst, Abtauchen, Schwächen entdecken und liebevoll mit ihnen umgehen lernen.
- Nein.
- Es wäre wünschenswert, wenn sich das Land NRW auch auf Bundesebene stärker für die Chancengleichheit von Frauen und Männern in Kunst und Kultur einsetzen und Initiativen dahingehend unterstützen würde.
- Geben Sie das Geld, das für diese schlecht konstruierte Umfrage ausgegeben wurde, lieber den Veranstaltern, wir verteilen es gerecht zwischen allen genderunabhängig gleich schlecht bezahlten Mitarbeitern!!!!
- Das Frauenkulturbüro NRW sollte umbenannt werden (Gender...).
- Musikbereich: Mädchen spielen i.d.R. eher ein klassisches Instrument, Jungs in der Tendenz lieber Rock-Instrumente. Auch Improvisation/Komposition ist eher ein männlich besetztes Thema. Frage: Wie können Mädchen/Frauen in diesen Bereichen gestärkt werden?

Bitte geben Sie uns zum Abschluss noch einige Angaben zu Ihrer Person:
(offenes Textfeld)

Funktionsbereich

Andere Funktion und zwar *(offenes Textfeld)*
- Intendantin und Regisseurin
- Regie
- Kuratorin
- Marketing/Vermittlung
- Finanzakquise
- Geschäftsführung
- Künstlerischer Produktionsleiter

- Gastronomische Leitung
- Alle anderen Funktionen auch
- Geschäftsführung/Leitung
- Direktorin
- Programmplanung/Konzeption

7.3   Innenansichten – Qualitative Erhebung

7.3.1   Wörtliche Nennungen im Assoziationsversuch „Männer" bzw. „Frauen"

Tabelle 7.3.1   „Männer" – Affektiv eher positiv getönte Assoziationen

Cluster	Beispiele wörtlicher Nennungen
Komplementarität	„Das ist absolut positiv besetzt im Privaten. Wie gesagt: Ohne Männer würde die Welt nicht existieren." / „Ist eigentlich einfach super, weil man hat andere Ansichten und ergänzt sich. ... Produktive Spannung. ... Unterschiedliche Ästhetik. Also ich find's schön, wenn Männer anders aussehen." / „Die andere Hälfte der Menschheit." / „Männer sind die andere Sorte Menschen, zu denen ich nicht gehöre. Das ist auch gut so." / „Frauen. Ergänzung zur Frau." / „Frauen."
Glück in der Partnerschaft	„Männer können wunderbare Partner sein – in der Arbeit wie im Leben." / „Glück ... So was kann man jetzt auch nur aus der eigenen momentanen Situation heraus sagen."
Postmachismo	„Erlöste Männer ... einfach Männer, die bestimmte Dinge nicht nötig haben."
Mentoren	„Männer, ... die für mich wichtige Gesprächspartner sind ... die aber auch Förderer sein können."
Sachlich-funktionale Interessen	„Ich arbeite sehr gerne mit Männern zusammen, habe auch immer mit Männern gespielt. Weil sie andere Gesprächsebenen haben als Frauen. Mich interessiert keine Kosmetik, keine Klamotten, sondern ich kann mit jemand einen ganzen Abend vor einem Kasten sitzen mit Elektronik ...Mich interessieren Maschinen, wie sie funktionieren."
Freundschaft	„Da fällt mir ein [nennt Namen], mein bester Freund."
Attribute der Attraktivität	„Schön, interessant, eloquent, auch einfallsreich."

Tabelle 7.3.2 „Männer" - Affektiv neutrale oder ambivalente Assoziationen

Cluster	Beispiele wörtlicher Nennungen
Unterschiedliche Typen	„Alte Männer, neue Männer, erlöste Männer." / „Es gibt nette, doofe."
Attribute der Männlichkeit	„Autos, Bariton, Tenor, Lehrer, Sakko, Hose, Golf spielen, Autor, Autos." / „Da fällt mir als erstes ein: Brusthaare, Penis … Entschuldigung das gehört dazu … Fußball. […] Zungenkuss."
Generationsabhängigkeit	„Die Generation ist entscheidend."
Männlicher Verhaltenscodex	„Code … Dass Männer einfach ganz oft eine bestimmte Art haben, miteinander umzugehen, wie Frauen nicht miteinander umgehen würden: Wenn Sie sehen, wie Obama Putin auf die Schulter schlägt, wenn er sagt, ,alter Hase, das war jetzt ziemlich Mist, was wir gerade gebaut haben' und so. Das würden Frauen nicht machen."
Berufliches Umfeld	„Männer, die ich kenne."
♂	„Bei den Männern mache ich es genauso mit den Abkürzungen."
Ambivalente Kollegialität	„Männer sind für mich auch gute Kollegen an der Akademie zum Beispiel. Und wenn man ihren Status nicht angreift, dann sind sie völlig in Ordnung für Frauen; ja auch wenn Frauen Künstlerinnen sind. Aber man darf nicht vergessen, Markus Lüpertz ist eben Markus Lüpertz und eine gleichgestellte Künstlerin gibt es hier nicht."
Männerhaushalt	„Ich bin in einem Männerhaushalt aufgewachsen… Wir haben zwar eine Mutter, aber der Rest waren Männer und zwar ziemlich viele." (m)
Spielkameraden	„Spielkameraden." (m)

Tabelle 7.3.3 „Männer" – Affektiv eher negativ getönte Assoziationen

Cluster	Beispiele wörtlicher Nennungen
Machtmonopol	„Männer? Da fällt mir dazu ein: Anzug, Gruppenbildung, Krawatte, Macht." / „Herrisch, sehr dominant." / „Sie können aber auch wirklich ihre komplette Macht und ihr Gehabe ausspielen und es auch schaffen, einen so an die Wand zu drücken, dass einem als Frau einfach der Atem wegbleibt." / „Also psychologisch ist das für mich immer eine Bedrängung. Das heißt, ich muss mich immer sofort durchsetzen."
Negativ-Vorbild	„Männer, an denen ich was gelernt habe … durchaus auch im Negativbeispiel." / „Da kann man ja von Männern sehr viel lernen, was Strategien und Taktiken betrifft. Da habe ich den Eindruck, dass uns da Männer manchmal mit Strategien, Gesprächstaktiken (das sind jetzt Klischees, aber ich habe die Klischees auch erlebt) mit einem deutlich ausgeprägten Selbstbewusstsein doch manchmal eine kleine Länge voraus sind. Und da kann man von manchem profitieren und es sozusagen in seine eigene persönliche Verhaltensweise … ich möchte nicht sagen übernehmen, aber durchaus sich damit auseinandersetzen."
Selbstdarstellungsdrang	„Imponiergehabe. Das wäre jetzt bösartig … aber ich hab's auch erlebt. … Also sich selber gerne in Szene setzen, viel Lärm um nichts, sozusagen." / „Ich kann nicht für Frauen sprechen, ich kann nur für mich sprechen, dass ich immer der Meinung bin, dass Qualität und die Arbeit überzeugt und die eigene Person überzeugt. Dass man nicht ständig sozusagen betonen muss, wie hervorragend man irgendwas gemacht hat, oder wie gut man in dem und dem ist. Diese Verhaltensweisen habe ich bei Männern öfter … festgestellt, dass das bei Männern doch mehr ausgeprägt ist als bei Frauen, nach wie vor."
Barrieren/ Blockaden	„Dass die Stellen blockiert sind zum Beispiel durch Männer." / „Personen, an denen man sich abarbeitet. Die für die Starrheit des Systems stehen."
Ungerechtfertigte höhere Präsenz	„Männer sind überall und wahrscheinlich oft präsenter als Frauen – was aber nichts damit zu tun hat, dass sie kompetenten sind als Frauen. … dass sie anders auftreten und ihnen auch ein anderer Boden ausgerollt wird, glaube ich."
Gesellschaftliche Dominanz	„Man kann doch sagen, dass also die biologischen Männer mehr Einfluss auf die Gestaltung des gesellschaftlichen Ganzen haben, als mir persönlich lieb ist."
Anderer Kommunikationsstil	„Man muss die eigenen Gedanken stärker vermitteln. Man kommt mit denen besser zurecht, wenn man kurz und direkt Wünsche äußert und Termine setzt. Damit kommen die besser klar, wie wenn man sich zu lange erklärt."

Tabelle 7.3.4 „Frauen" – Affektiv eher positiv getönte Assoziationen

Cluster	Beispiele wörtlicher Nennungen
Komplementarität	„Genauso wie Männer: Einfach wahnsinnig wichtig, damit die Welt funktioniert." / „Bei Frauen fällt mir auch wieder der Mann ein. … finde ich wichtig, dass es beides gibt." / „Dass die Frauen per se ein alternatives Konzept zum Mann bieten."
Solidarität	„Solidarität … auf gleiche Erfahrungen zurückgreifen zu können. Man hat vielleicht eine gemeinsame Basis." / „Gemeinschaft vielleicht auch."
Frauengruppen	„Ich habe mich immer sehr für Frauen eingesetzt. Ich habe schon 1969 … meine erste Frauengruppe gegründet."
Mentorinnen	„Frauen, die mich gefördert haben, die für mich wichtig waren … die Gesprächspartnerinnen sind."
Hohe Kompetenz	„Frauen, die richtig toll sind … die ganz richtig toll sind. Frauen können einfach unglaublich viel."
Soziale Kompetenz	„Frauen sind sozial kompetenter als Männer."
Soziale Aufmerksamkeit statt Egomanie	„Es geht nicht darum, ‚proud' auf sich zu sein. Also dieses Thema ‚Ich baue für Menschen und ich baue nicht fürs Ego', das ist so mein Satz."
Kollegialität und Freundschaft	„Dass es möglich ist, eine Zusammenarbeit und gleichzeitig eine Freundschaft zu entwickeln. Also etwas, wo man ja normalerweise sagt: ‚Okay, das eine schließt das andere aus'."
Frauenfreundschaft als emotionale Stütze	„Ganz wichtig natürlich auch Frauen sozusagen im persönlichen Umfeld für das … wie sagt man da jetzt am besten? … für die mentale, emotionale Hygiene."
Unzensierte Weiblichkeitsromantik	„Große Liebe. Da denke ich an Weichheit, an schöne Körper. Da denke ich an Malerei. Da denke ich an Sommer."
Introvertiertheit	„ … finde ich wichtig, dass es beides gibt. Und ja: Frauen …. also Introvertiertheit, wo es dann bei Männern irgendwas dafür gibt … so was Spezifisches … weil ich selbst auch eine Frau bin."
Beweglichkeit	„Spontan beweglich … vielleicht auch aus Zwang."
Geradlinigkeit	„Enorme Geradlinigkeit, Ehrlichkeit, Zielgerichtetheit, Ehrgeiz."
Attribute der Attraktivität	„Schön und eloquent, sehr überlegt, sehr wissbegierig."
Perfektion	„Sehr akkurat und perfekt."
Teamfähigkeit, Führungsstärke	„Sicherlich weniger hierarchisch – aber dafür teamfähiger und führungsstärker."
Ehepartnerin	„Bei Frauen denke ich immer zuerst an meine Frau, die mit Abstand die schönste und die richtigste aller Frauen ist." (m)

Tabelle 7.3.5 „Frauen" – Affektiv neutrale oder ambivalente Assoziationen

Cluster	Beispiele wörtlicher Nennungen
Berufliches Umfeld	„Frauen, die ich kenne."
♀	„Da fällt mir das Frauenzeichen ein, weil ich das immer benutze, wenn ich Frauen abkürzen muss."
Vielfalt	„Vielfalt ... es gibt ja ganz unterschiedliche Frauen."
Extreme Unterschiede	„Das ist wirklich sehr divergierend. Einerseits enorme Geradlinigkeit [...] und andererseits Weibchentum, [...] die Frau eines Mannes sein. Das ist eben alles das, was sein kann. Also das ist wirklich extrem, also ich finde, Frau ist für mich extrem unterschiedlich.
Undefinierbarkeit	„Also ich möchte das nicht so festschreiben und sagen, Frauen sind so und so und ein Mann ... Aber man kann doch sagen, dass die Vielfalt dieser beiden Perspektiven sinnvoll sein sollte und selbstverständlich."
Proporzveränderung im Zeitverlauf	„Als ich damals an die Akademie gekommen bin gab es schon zahlreiche Professorinnen. [...] Es war sicherlich zu dem Zeitpunkt, als ich hier studiert habe, dass Frauen hier den geringeren Prozentsatz ausgemacht haben, vielleicht zwischen 10 und 20%. Aber das hat sich hier jetzt sehr stark verändert in den letzten Jahren, das muss man sagen, dass wir jetzt, ich würde sagen, gefühlt ist es 50/50." (m)
Spielkameraden	„Spielkameraden." (m)

Tabelle 7.3.6 „Frauen" – Affektiv eher negativ getönte Assoziationen

Cluster	Beispiele wörtlicher Nennungen
Unterrepräsentanz	„Frauen … unentdeckt … man könnte fast denken, in manchen Bereichen gibt es keine Frauen, wenn man die öffentliche Wahrnehmung betrachtet." / „Frauen … müssen immer daran arbeiten, dass sie überall gleichermaßen vorkommen. Was ein wenig unfair ist."
„Weibchentum"	„Weibchentum, nach Möglichkeit nicht selber etwas machen, sondern die Frau eines Mannes sein." / „Es gibt nur deshalb die Frauenzeitschriften, weil sie gegeneinander neidisch sind. Sie machen sich nicht schön für die Männer, sondern sie machen sich schön, wegen der Konkurrenz. Und das ist die Basis aller Frauenzeitschriften und da habe ich keine Lust drauf, auf Krankheitsthemen sowieso nicht."
Fehlende Durchsetzungs-strategien	„Bei Frauen fällt mir auf, dass bestimmte Verhaltensweisen von Frauen, obwohl ich selbst eine bin, unglaublich nerven. … Dass ich bei Frauen einfach sehr oft genervt bin von dem dezidierten Nichtwillen zur Professionalität. Dass es Frauen sehr viel schwerer fällt, sich zu professionalisieren. … Frauen können unglaublich viel und es fällt ihnen sehr schwer, das, was sie können, mit einer Liebe zur Macht zu verbinden und auch keine Angst vor Macht zu haben."
Negativ-Vorbild	„Frauen, die auch behindern, durchaus … also in dem Sinne der gläsernen Decke."
Falsche Neuorientierung	„Also ich finde es schlimm, wenn Frauen plötzlich Männer spielen, also der Mensch sollte wichtig sein. […] Also diese Frauen mit dem Einheitslook [abwertende Mimik] … also wenn diese Spannung raus ist."

Printed by Printforce, the Netherlands